Impressum

Die vorliegende Studie wurde im Rahmen des „Gesunde Bezirke“-Projekts „Gesundes Ottakring“ von der Stadt Wien (Wiener Gesundheitsförderung gemeinnützige GmbH) beauftragt und gefördert.

FORSCHUNGSINSTITUT DES ROTEN KREUZES

GESUNDES OTTAKRING

WiG

StaDt+Wien

Autorinnen:

Katharina Resch

Kathrin Hofer

Erentraud Weiser

Herausgeber:

Forschungsinstitut des Roten Kreuzes

im Auftrag der Wiener Gesundheitsförderung (WiG)

1030 Wien, Nottendorfer Gasse 21

www.w.roteskreuz.at/forschungsinstitut

Kontakt:

Mag[a]. Katharina Resch, Bakk.

Email: katharina.resch@w.roteskreuz.at

info@gesundesottakring.at

Erscheinungsjahr:

2011

Druck:

digiDruck

Download des Berichts unter:

www.gesundesottakring.at

ISBN: 978-3-9502819-7-2

Empfohlene Zitierweise:

Resch, Katharina, Kathrin Hofer und Erentraud Weiser (2011). Gesundes Ottakring. Analyse der Einflussfaktoren auf die Gesundheit der Ottakringer Bevölkerung. Wien: Forschungsinstitut des Roten Kreuzes und Wiener Gesundheitsförderung – WiG.

Inhaltsverzeichnis

1 KURZZUSAMMENFASSUNG DER ERGEBNISSE

Die Analyse der Einflussfaktoren auf die Gesundheit der Bevölkerung Ottakrings wurde auf Basis des Modells zur Erklärung sozialer und gesundheitlicher Ungleichheiten von Andreas Mielck (2005) durchgeführt. Es beschreibt die Zusammenhänge und Wechselwirkungen zwischen sozialer Lage und Gesundheitsverhalten. Dabei wurden sowohl gesundheitsbelastende Faktoren als auch Bewältigungsressourcen der Ottakringer Bevölkerung analysiert und die Angebotsstrukturen in Ottakring recherchiert. Ziel der Analyse war, den spezifischen Bedarf an Gesundheitsförderungsmaßnahmen zu erheben und Ansatzpunkte für die Umsetzung im unmittelbaren Lebensumfeld der OttakringerInnen zu identifizieren.

Unterschiede in den gesundheitlichen Belastungen

Ottakring zeigt sich in Bezug auf seine Bevölkerung als heterogener Bezirk. Der Anteil von MigrantInnen liegt mit ca. 27 % über dem Durchschnitt von Wien (20 %). Die Altersstruktur der Bezirksbevölkerung ist etwas jünger als der Wiener Durchschnitt, insbesondere der Anteil von Menschen zwischen 15 und 59 Jahren liegt in Ottakring deutlich über dem Wiener Durchschnitt. Die Daten zum Bildungsstand zeigen, dass über ein Drittel der OttakringerInnen nur über einen Pflichtschulabschluss verfügt, ca. 40% haben einen Lehr- bzw. BMS-Abschluss, 12,9 % haben Matura und weniger als 10 % der Ottakringer Bevölkerung hat einen akademischen Abschluss (siehe Kapitel 3.1 bis 3.2). Der östliche Teil Ottakrings ist von einem niedrigen Bildungsniveau, hoher Arbeitslosigkeit, niedriger beruflicher Qualifikation und einem niedrigen Einkommen seiner BewohnerInnen geprägt. Die gürtelnahen Gebiete sind gekennzeichnet durch eine hohe Bebauungsdichte, wenig Freiräume und Grünflächen sowie einen hohen Anteil an Substandardwohnungen bzw. Wohnungen mit nur Basisqualität. Diese Faktoren weisen auf eine hohe gesundheitliche und soziale Belastung in diesem Bezirksgebiet hin (siehe Kapitel 3.2).
Auch die befragten ExpertInnen nennen die hohe Bebauungsdichte und den Mangel an Grünflächen und Freiräumen im Wohngebiet als Belastungen im Bereich der Lebens- und Wohnbedingungen. Ottakring gehört zu den am dichtest verbauten Gebieten Wiens. Zwar sind mehr als ein Drittel der Fläche Ottakrings Grünflächen, davon sind aber 59% Waldgebiete am Wilhelminenberg und nur 13% Parkanlagen in den Wohngebieten. Daraus ergibt sich ein hoher Nutzungsdruck der vorhandenen Flächen in naheliegenden Parks. Vor allem die Gründerzeithäuser in Gürtelnähe haben wenig grüne Innenhöfe, die genutzt werden können. Im öffentlichen Raum gibt es ebenfalls wenige Freiräume und Orte, wo Begegnungen stattfinden können.

Darüber hinaus wird von den ExpertInnen die vor allem in gürtelnahen Wohngebieten aus dem hohen Verkehrsaufkommen resultierende Belastung mit Lärm und Schadstoffen wie Feinstaub angeführt. Auch in den beengten Wohnverhältnissen sehen die Befragten ein Belastungspotenzial. Es gibt zu wenige Rückzugsmöglichkeiten für die einzelnen Familienmitglieder. Kinder und Jugendliche haben ungünstige Lernbedingungen, was den schulischen Druck erhöht.

Die beengte finanzielle Situation vieler Familien wird von den InterviewpartnerInnen als eine zentrale Belastung angeführt, die die Möglichkeiten der Lebens- und Freizeitgestaltung der Familien einschränkt und auch das Lebensgefühl der in ihr lebenden Kinder und Jugendlichen wesentlich beeinflusst. Als besondere Belastungen für Jugendliche wurden in der Befragung die Schwierigkeit, eine geeignete Lehrstelle bzw. überhaupt Zugang zum Arbeitsmarkt zu finden sowie prekäre Beschäftigungssituationen von Jugendlichen genannt. Bei Jugendlichen, die von Langzeitarbeitslosigkeit betroffen sind, schätzen die befragten ExpertInnen das Fehlen einer Tagesstruktur und mangelnde Möglichkeiten der Freizeitgestaltung als problematisch ein. Bei jungen Frauen bzw. Mädchen nennen sie vor allem die frühe Verantwortungsübernahme in der Familie für Haushaltstätigkeiten und die Beaufsichtigung ihrer jüngeren Geschwister als Belastung. Das kann dazu führen, dass die jungen Frauen bzw. Mädchen kaum Freizeit für ihre eigenen Interessen zur Verfügung haben (siehe Kapitel 4.4).

Unterschiede in den Bewältigungsressourcen, Erholungsmöglichkeiten

Die Auswertung der ExpertInneninterviews ergab, dass externe Bewältigungsressourcen in Ottakring vor allem im Bereich des Sozialkapitals vorliegen, während die Erholungsmöglichkeiten kritisch betrachtet werden, aber auch vorhanden sind. Insbesondere wurden die soziale Unterstützung im Bezirk (z.B. Einrichtungen, die kostenlose Unterstützung in verschiedenen Feldern anbieten) und der Zusammenhalt und die Stabilität in der Familie und in sozialen Gruppen als Ressource gesehen. Als Beispiel wird die Zugehörigkeit zu Jugendkulturen und Jugendgruppen sowie das rege Sozialleben der migrantischen Bevölkerung in Ottakring durch große Familienverbände (Beziehungskapital) von den ExpertInnen genannt. Auch das Ausmaß an gegenseitiger Unterstützung in den migrantischen communities wird von den InterviewpartnerInnen als hoch eingeschätzt (Unterstützungskapital). Die Parks im unmittelbaren Wohnumfeld bezeichnen die befragten ExpertInnen als wichtige Erholungsmöglichkeit. Grundsätzlich wird angemerkt, dass sozial schwache Zielgruppen generell über weniger Freizeit und damit über weniger externe Bewältigungsressourcen verfügen als sozial besser gestellte Menschen in Ottakring (siehe Kapitel 4.5).

Ottakring weist eine vielfältige Angebotsstruktur in den Bereichen Jugendarbeit, Bildung, Kultur, Gesundheit und Soziales auf. Die Angebote sind zielgruppenorientiert und setzen an der Lebenswelt und der Bedarfssituation der Menschen an. Die einzelnen Einrichtungen und Organisationen sind gut miteinander vernetzt und arbeiten in Form von gemeinsamen Projekten zusammen (siehe Kapitel 4.3).

Unterschiede im Gesundheits- und Krankheitsverhalten

Die Auswertung der Aussagen der befragten ExpertInnen zum Gesundheits- und Krankheitsverhalten der Ottakringer Bevölkerung konzentrierte sich auf die klassischen Themen der Bewegung, der Ernährung und der seelischen Gesundheit.

Der öffentliche Raum und da besonders die Parks werden in Ottakring nach Einschätzung der InterviewpartnerInnen überwiegend von Männern bzw. Burschen zur Bewegung genutzt, von Frauen bzw. Mädchen dagegen nur wenig. Von den InterviewpartnerInnen wird die eingeschränkte Leistbarkeit von Bewegungsangeboten für ihre KlientInnengruppen hervorgehoben. Sportvereine würden z.B. von sozial schwächeren Gruppen nur genutzt, wenn sie sehr kostengünstig oder kostenfrei sind. Die verstärkte Möglichkeit fernzusehen und Video- und Computerspiele zu spielen, hat aus Sicht der Befragten Bewegung als Freizeitverhalten zurückgedrängt. Weiters können sich kulturelle Normen insbesondere für Mädchen einschränkend auf das Bewegungsverhalten auswirken.

Kinder und Jugendliche ernähren sich nach Einschätzung der InterviewpartnerInnen wenig gesundheitsbewusst. Ihrer Wahrnehmung nach ist gesunde Ernährung für Jugendliche kein vorrangiges Thema, da die Auswirkungen ungesunder Ernährung für sie noch nicht spürbar sind. Die Leistbarkeit wird von den InterviewpartnerInnen auch für das Ernährungsverhalten als wichtiger Faktor wahrgenommen. Die Annahme, dass gesunde Ernährung teuer ist und mangelndes Wissen ihrer KlientInnengruppen über gesunde Ernährung werden von den befragten ExpertInnen als entscheidende Gründe für ungesundes Ernährungsverhalten genannt. Von den InterviewpartnerInnen werden Konflikte im sozialen Umfeld und in der Familie als Einflussfaktoren für die seelische Gesundheit genannt. Bei MigrantInnen spielen Sorgen um die im Heimatland verbliebenen Verwandten eine große Rolle (siehe Kapitel 4.6).

Gesundheitliche Ungleichheit (Unterschiede in Morbidität und Mortalität)

Die Ergebnisse der Analyse lassen auf einen Zusammenhang zwischen der sozialen Lage der Bevölkerung Ottakrings und ihrem Gesundheitsstatus schließen. Vor allem im gürtelnahen Gebiet treffen hohe gesundheitliche Belastungsfaktoren auf geringe Bewältigungsressourcen. Der Schwerpunkt der Gesundheitsförderungsaktivitäten des Projekts Gesundes Ottakring wird daher in diesem Bezirksteil liegen. Die Maßnahmen werden an den genannten Belastungen ansetzen und darauf abzielen, die Bewältigungsressourcen im Sinne der Erweiterung der Handlungsspielräume zur Überwindung von Gesundheitsbelastungen und der Steigerung der Handlungskompetenz zu stärken.

2 EINLEITUNG

2.1 Projektbeschreibung „Gesundes Ottakring“

Laufzeit: Oktober 2010 bis Oktober 2013

Ausgangslage

Die Wiener Gesundheitsförderung hat sich zum Ziel gesetzt, gemeinsam mit Einrichtungen und AkteurInnen in den Bezirken Gesundheitsförderungsaktivitäten in der unmittelbaren Wohn- und Lebensumwelt der Menschen – in den Grätzeln – zu initiieren, umzusetzen und nachhaltig zu verankern, um gesundheitsfördernde Lebenswelten zu schaffen. Damit will die Stadt Wien in den nächsten drei Jahren einen Beitrag zur Verbesserung der Gesundheit der Wiener Bevölkerung leisten. Das Forschungsinstitut des Roten Kreuzes wird als Kooperationspartner der Wiener Gesundheitsförderung im 16. Wiener Gemeindebezirk (Ottakring) Aktivitäten zum Thema Gesundheit im Stadtteil entwickeln und umsetzen.

Ziel

Das Projekt „Gesundes Ottakring“ knüpft an die bestehenden Einrichtungen im Bezirk an. Ziel ist es, durch gesundheitsfördernde Maßnahmen sowohl individuelle als auch strukturelle Ressourcen zu stärken, um die körperliche, seelische und soziale Gesundheit der Menschen im 16. Bezirk langfristig zu verbessern.

Zielgruppen

Das Projekt „Gesundes Ottakring“ richtet sich speziell an jene Bevölkerungsgruppen, bei denen durch das Zusammentreffen verschiedener sozioökonomischer Faktoren die soziale sowie gesundheitliche Benachteiligung als besonders hoch angenommen werden kann. Für die Umsetzung wurden drei Zielgruppen ausgewählt: ältere Menschen ab 60 Jahren, Kinder und Jugendliche von 6 bis 18 Jahren, sowie BewohnerInnen von Gemeindebauten, vor allem in den gürtelnahen Grätzeln Ottakrings.

Ablauf und Umsetzung

Das Projekt hat den Fokus auf dem Auffinden von Gesundheitspotenzialen und auf der nachhaltigen Wirkung der entwickelten Maßnahmen. Dazu werden mit jeder der drei Zielgruppen partizipativ gesundheitsfördernde Aktivitäten in ihrem Umfeld entwickelt und in Kooperation mit bestehenden Einrichtungen im Bezirk umgesetzt.

Am Beginn des Projekts bis Juni 2011 steht eine umfangreiche Analyse der gesundheitlichen Belastungen und der Gesundheitspotenziale der Ottakringer Bevölkerung. Darauf aufbauend werden ab Herbst 2011 drei Teilprojekte gestartet, in denen während der Projektlaufzeit bis Herbst 2013 gemeinsam mit den Zielgruppen Maßnahmen und Aktivitäten zur gesundheitsfördernden Gestaltung ihres Lebensraums und ihrer Lebensführung entwickelt werden.

Teilprojekt 1 – Gesund älter werden in Ottakring
SeniorInnen werden eingeladen, eigene Ideen zur Verbesserung des persönlichen gesunden Lebensstils zu entwickeln und diese in Kooperation mit lokalen PartnerInnen umzusetzen.

Teilprojekt 2 – Gesunder Park
Kinder und Jugendliche werden angeregt, Gesundheitsressourcen im Setting (Definition siehe Kapitel 2.4.2) Park und Wohnumfeld stärker zu nutzen und ihr Wohn- und Freizeitumfeld aktiv zu gestalten.

Teilprojekt 3 – Gesunder Gemeindebau
Ziel ist es, die sozialen Kontakte der BewohnerInnen zu stärken und gemeinsam Ideen zum „gesunden Gemeindebau" zu realisieren. Gesundheitsfördernde Aktivitäten zu Bewegung, Ernährung und seelischer Gesundheit werden gemeinsam entwickelt und umgesetzt.

2.2 Aufbau des Berichts

Der vorliegende Bericht baut auf den vier Faktoren des Mielck Modells zur Erklärung gesundheitlicher Ungleichheiten auf (siehe Kapitel 2.4.4). Das Kapitel 2 zeigt die theoretische Fundierung der erforschten Themengebiete und beschreibt die methodische Vorgehensweise (2.5). Kapitel 3 stellt im Rahmen von Analyseergebnissen aus der Literatur vor, was den Bezirk Ottakring kennzeichnet. Das Kapitel 4 zeigt Ergebnisse der durchgeführten Untersuchungen und beschreibt Einflussfaktoren auf die Gesundheit der Ottakringer Bevölkerung, beginnend mit dem Kapitel Grenzen, Zentrum und BewohnerInnenstruktur im Bezirk (4.1), Ergebnisse der strukturierten Stadtteilbegehung (4.2), die Sicht von ExpertInnen auf die gesundheitliche Versorgung in Ottakring (4.3), Darstellung von Gesundheitlichen Belastungen (4.4), Bewältigungsressourcen und Erholungsmöglichkeiten (4.5) sowie Gesundheits- und Krankheitsverhalten (4.6). Das Kapitel 4 bildet das Kernstück des Berichts. Kapitel 5 bietet eine ausgewählte Darstellung von Gesundheitsförderungsprojekten im kommunalen Setting, aus denen das Projekt „Gesundes Ottakring“ lernen will. Kapitel 6 zieht aus den Erkenntnissen der Analysephase und den Berichtsergebnissen Schlüsse für die darauf aufbauenden Maßnahmen zur Gesundheitsförderung bei Kindern und Jugendlichen, bei BewohnerInnen im Gemeindebau und für ältere Menschen in Ottakring.

2.3 Ziel und Zielgruppen des Berichts

Der Bericht verfolgt im Wesentlichen zwei Ziele: 1) Erweiterung der Wissensbasis über die Einflussfaktoren auf die Gesundheit der OttakringerInnen 2) Grundlage für das Auffinden von relevanten Ansatzpunkten für Gesundheitsförderungsmaßnahmen.

Das vorliegende Dokument gibt einen Überblick über die Einflussfaktoren auf die Gesundheit der Ottakringer Bevölkerung und befüllt das Mielck Modell zur Erklärung gesundheitlicher Ungleichheiten mit bezirksspezifischen Daten. Während wienweite Daten zur Gesundheit in Form der Gesundheitsberichte der Stadt Wien vorliegen, fehlen bezirksspezifische Berichte über die Gesundheit der Bevölkerung, die auch Bezirksspezifika – wie etwa Bevölkerungsdichte, Bebauungsstrukturen, Freiflächen usw. – mit berücksichtigen. Gleichzeitig stellt der Bericht die Grundlage für die Umsetzung von Gesundheitsförderungsmaßnahmen (2011-2013) im Bezirk dar.

Der Bericht richtet sich an:

- GesundheitsförderungsexpertInnen, UmsetzerInnen von Gesundheitsförderungsmaßnahmen und GesundheitsförderungsforscherInnen im kommunalen Setting im deutschsprachigen Raum
- WissenschaftlerInnen aus den Bereichen Gesundheit, Stadtentwicklung, Ungleichheitsforschung und anderen Bereichen
- VerantwortungsträgerInnen, EntscheidungsträgerInnen und Personen, die in Ottakring arbeiten
- das Projektteam selbst
- die Wiener Gesundheitsförderung – WiG als Auftraggeberin des Projekts
- alle, die sich für die im Bericht dargelegten Inhalte interessieren

2.4 Theoretische Fundierung des Projekts

Das Projekt „Gesundes Ottakring" arbeitet an der Schnittstelle von Stadtsoziologie und Stadtentwicklung, Ungleichheitsforschung sowie Public Health Forschung und Gesundheitsförderungsforschung. Inhaltlich orientiert sich das Projekt an den Erkenntnissen zur gesundheitlichen Ungleichheit – vor allem bei sozial benachteiligten Bevölkerungsgruppen – und setzt an bestehendem Wissen aus der Gesundheitsförderung im kommunalen Setting an (Vorprojekte, good practice Beispiele usw.). Das kommunale Setting ist in diesem Fall die Stadt Wien und hier der 16. Wiener Gemeindebezirk „Ottakring". Durch den kommunalen Ansatz des Projekts wird auf die Erkenntnisse der Stadtsoziologie und der Stadtentwicklung zurückgegriffen. Die theoretische Einbettung des Projekts wird im Folgenden kurz erläutert.

2.4.1 Stadtsoziologie und Stadtentwicklung

Die Stadtsoziologie wurde von Georg Simmel und seinen Schülern William I. Thomas und Robert E. Park geprägt. Sie untersuchten die Entstehung sozialer Ungleichheit in Chicago. Chicago war in den 1920er Jahren schnell gewachsen. Die Stadtbevölkerung hatte sich zu einer heterogenen Gesellschaft entwickelt, die sich aus verschiedenen „communities“ zusammensetzte. Park baute die „community studies“ der Chicagoer Schule auf und untersuchte soziale Gruppen in der Großstadt und ihre ethnische oder milieuspezifische Zugehörigkeit. Ihn interessierte die Frage, wie das Zusammenleben bzw. die Integration in einer Großstadt trotz der Entstehung von heterogenen communities (italienisches Viertel, Chinatown usw.) möglich sei.

Methodisch arbeiteten die VertreterInnen der Chicagoer Schule mit Dokumentenanalyse und anderen textorientierten Verfahren, legten jedoch großen Wert auf teilnehmende Beobachtung. „Wer ein Quartier untersuchen will, wird aufgefordert, dort eine Zeit lang zu wohnen; wer eine Jugend-Gang erforschen will, soll eine Weile mit dieser herumziehen“ (Löw et al. 2008). Die Forschungsergebnisse sind also Fazit der tatsächlichen Feldforschung und nicht reines Bücherwissen. Damit wird das fehlende Wissen über die Alltagswelt der zu erforschenden community abgedeckt. Im Projekt „Gesundes Ottakring“ wird auf die Methode der strukturierten Stadtteilbegehung zurückgegriffen, um Quartiere und Grätzel in Ottakring zu erforschen (siehe Kapitel 4.2).

Die Merkmale Dichte, Größe und Heterogenität sind die drei Kernvariablen der stadtsoziologischen Forschung (Löw et al. 2008). (1) Die Größe einer Stadt ist ein relationales Merkmal, da sie nur im Vergleich mit anderen Städten bestimmt werden kann. Bukarest und Warschau sind bevölkerungstechnisch ähnlich große Städte wie Wien. Andere, wie Rom, Berlin, London, Athen oder Berlin sind weitaus größer. Abgesehen von Stockholm ist Wien die flächenmäßig kleinste Hauptstadt im Europäischen Städtevergleich (Statistisches Jahrbuch der Stadt Wien 2009a). Die MA 18 Stadtentwicklung und Stadtplanung geht davon aus, dass Wien bis 2030 noch weiter anwachsen wird[1]. Eine Bevölkerungszunahme ist vor allem seit der EU-Erweiterung 2004 zu beobachten. Dadurch nimmt auch die Bevölkerungsdichte Wiens stetig zu (Häberlin et al. 2009). (2) Die Dichte beschreibt die Konzentration von Menschen, Dingen, Institutionen und Formen in einer Stadt. Wiens Bevölkerungsdichte ist im Europäischen Städtevergleich hoch (ca. 4.100 BewohnerInnen pro km^2). Ähnlich dicht sind Dublin (ca. 4.300 BewohnerInnen pro km^2) und London (ca. 4.700 BewohnerInnen pro km^2) (Statistisches Jahrbuch der Stadt Wien 2009a). In Ottakring sind besonders in den gürtelnahen Grätzeln des Bezirks eine hohe Bebauungsdichte und damit eine hohe Bevölkerungsdichte zu erkennen. Dennoch ist Ottakring ein insgesamt wenig dichtes Gebiet – die dichtesten sind die acht Wiener

[1] http://www.wien.gv.at/stadtentwicklung/grundlagen/stadtforschung/siedlungsentwicklung/index.html Stand 16.11.2011

Innenbezirke (1., 2., 3., 4., 5., 6., 7., 8.) (Augustin und Binder 2008). In Ottakring ist das Bild vermutlich verzerrt, da der Bezirk auch das Gebiet des Wilhelminenbergs umfasst, das wenig dicht besiedelt ist. Der innere Teil des Bezirks ist sehr dicht (Gürtelgegend). (3) Das Merkmal der Heterogenität und Anonymität der BewohnerInnen ist ein Phänomen der Städte. Trotz hoher Dichte leben die Menschen sozial isoliert und oft auch segregiert. „Beziehungen [werden] in Großstädten unpersönlich. Wen interessiert es, wo der Bäcker sein Brot herbekommt und wie es ihm heute psychisch geht?“ (Löw et al. 2008). Es kommt nicht selten zur Formierung von communities oder eigenen Stadtteilen mit Dorfcharakter, in der ein stärkerer Zusammenhalt zwischen BewohnerInnen entstehen kann (Häberlin et al. 2009).

Was macht eine Stadt zu einer Stadt? Was macht einen Bezirk zu einem Bezirk? Die Einheit einer Stadt wurde historisch meist durch eine Ummauerung ausgedrückt. Damit wurden ein Innen und ein Außen konstruiert, das durch eine sichtbare Grenze zwischen Vertrautem und nicht Vertrautem im kollektiven Bewusstsein verankert wurde. Über die Bezirksgrenzen in Ottakring wird im Kapitel 4.1 Auskunft gegeben.

Definition:
Eine Stadt ist also ein relativ großes, dicht besiedeltes Gebiet gesellschaftlich heterogener Individuen, die in einem Gebiet struktureller, strategischer Knoten- und Kristallisationsorte der Arbeitsorganisation und Konsumption zusammenleben und die ein kollektives Bewusstsein darüber haben, was das „Innen“ und „Außen“ ihrer Stadt ausmacht (Löw et al. 2008).

In Wien arbeitet die Stadtentwicklung mit sogenannten Gebietstypen und Zählbezirken. Eine Korrelation zwischen Sozialstruktur der Bevölkerung und den baulichen Gegebenheiten, in denen Menschen leben, ist nachgewiesen (Hauswirth und Gielge 2010). Auch aus der Ungleichheitsforschung ist bekannt, dass der Wohnort – ob jemand im Bahnhofsviertel oder im reichen Vorort lebt – und der soziale Status (Beruf, Einkommen, usw.) zusammenhängen (Löw et al. 2008). Die Gebietstypen sind Zentrum, Gründerzeitgebiete mit sehr hoher Wohnqualität, Gründerzeitgebiete mit hoher Wohnqualität, Gründerzeitgebiete mit Basis-Wohnqualität, Neubaugebiete bis 1960, Neubaugebiete ab 1960, Einfamilienhäuser, usw. Die gürtelnahen Grätzel in Ottakring sind Gründerviertel-Gebietstypen mit unterschiedlicher Wohnqualität, jedoch eher Basis-Wohnqualität. Das bedeutet hohe bauliche Dichte und einen hohen Anteil an Kategorie D[2] Wohnungen. In Wien lebt ein besonders hoher Anteil von unter 30-jährigen Menschen in Wohnungen mit Basis-Wohnqualität. Die Haushaltseinkommen liegen dort unter dem Wiener Durchschnitt (1.300 € Median-Äquivalenz-Einkommen). Der höchste Anteil von MigrantInnen wird im Gebietstyp Gründerzeitgebiet mit Basis-Wohnqualität gemessen (Hauswirth und Gielge 2010).

[2] Substandardwohnungen (IV und V), in denen kein WC/Bad bzw. keine Wasserentnahmestelle in der Wohnung ist

Ottakring hat 10 Zählbezirke, wobei die Zählbezirke 1 bis 5 und 10 zu jenen mit hoher Dichte zählen und die Zählbezirke 6 bis 9 zu jenen mit hohem Freiflächen und Grünflächenanteil. Im Rahmen des Projekts werden die Zählbezirke 1 bis 5 und 10 als „gürtelnahe" Zählbezirke bezeichnet.

Abbildung 1: Zählbezirke, Zählgebiete und Baublöcke des 16. Bezirks

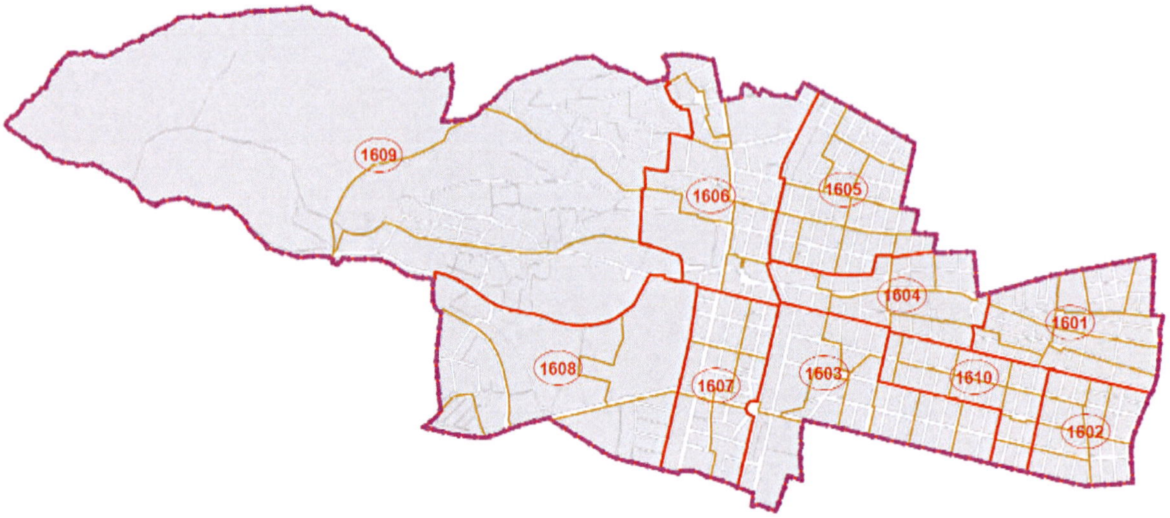

Quelle: (Stadt Wien 2011)

Ansätze der Stadtsoziologie und der Stadtentwicklung bieten Ansatzpunkte für das Projekt „Gesundes Ottakring" hinsichtlich der Entwicklung der Stadt oder des Bezirks, z.B. auch über die Entwicklung und Bedeutung von Orten, Verkehrsknotenpunkten und zentralen Begegnungsräumen im Bezirk Ottakring. Das Projekt arbeitet mit verschiedenen sozialen Gruppen und Altersgruppen, die in unterschiedlichen communities und Gebietstypen im Bezirk leben. Die Erkenntnisse aus der Stadtsoziologie und der Stadtentwicklung können zur Erforschung der gesundheitlichen Lage dieser communities in Ottakring und damit das adäquate Ansetzen von Projektmaßnahmen beitragen.

2.4.2 Public Health Forschung und Gesundheitsförderung im kommunalen Setting

Das Projekt „Gesundes Ottakring" ist ein Gesundheitsförderungsprojekt im regionalen Setting „Stadt/Bezirk". Gesundheitsförderung ist ein ressourcenorientierter Ansatz, der fragt: „Was hält den Menschen gesund?" (Salutogenese) anstelle von: „Was macht den Menschen krank?" (Pathogenese). Die Gesundheitsförderungsforschung ist ein Teil der Public Health Forschung (Gesundheitswissenschaften), die sich von traditionellen Ansätzen der Epidemiologie, der Sozialmedizin oder der Gesundheitsökonomie dadurch abhebt, dass sie ressourcenorientiert und ressourcenaktivierend agiert. Die Gesundheitsförderung ist ein interdisziplinäres Forschungsfeld, bestehend aus u.a. Gesundheitssoziologie, Gesundheitspsychologie oder

Gesundheitsmanagementforschung. Die Gesundheitsförderungsforschung identifiziert Faktoren, die Menschen auf der persönlichen Ebene (z.B. gesunde Ernährung, seelische Gesundheit, stabile Bezugsperson, Selbstvertrauen usw.) und der strukturellen Ebene (z.B. Wohnumfeld, Erholungsräume, gesicherte Einkommensverhältnisse usw.) gesund halten. Damit arbeitet sie an gesunden Verhältnissen im Wohn-, Lebens- und Arbeitsumfeld (Verhältnisorientierung) und am gesunden Verhalten von Einzelpersonen und Gruppen (Verhaltensorientierung), da beide Faktoren zur Gesundheit beitragen.
Das Grundsatzdokument der Gesundheitsförderung – die Ottawa Charta (1986) – identifiziert fünf Handlungsebenen:

Abbildung 2: Aktionsebenen der Gesundheitsförderung

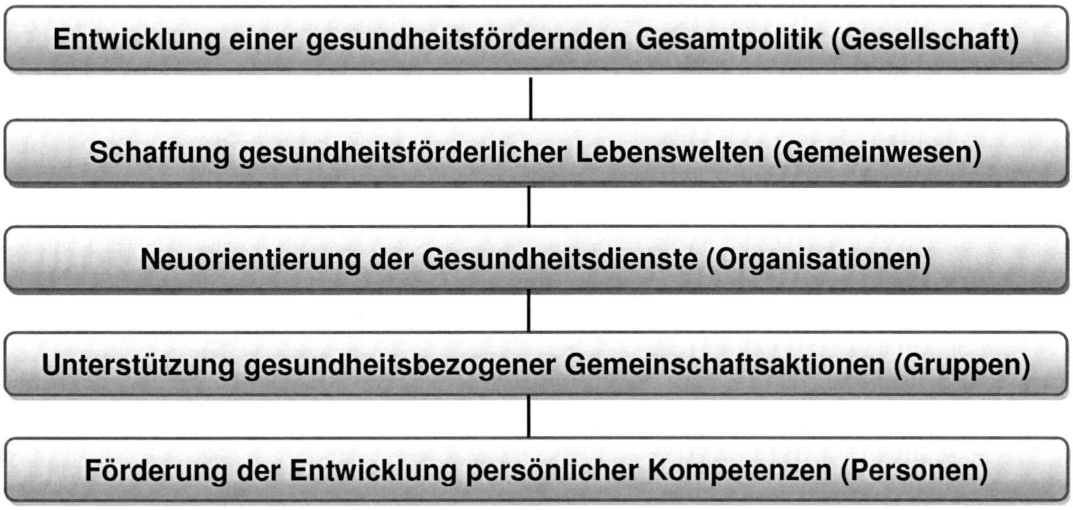

Quelle: (Göpel 2008, 2004)

Die Gesundheitsförderung arbeitet mit dem „Setting"-Begriff, womit Lebenswelten gemeint sind, in denen bestimmte Bevölkerungsgruppen leben, wohnen oder arbeiten. Bereits weit verbreitete soziale Settings für Gesundheitsförderung sind der Betrieb, die Schule oder der Kindergarten. Regionale Settings sind vor allem die „Gesunde Städte"-Projekte und kleinere Einheiten, wie gesundes Quartier, gesunder Stadtteil, gesunde Wohnsiedlung oder gesunder Gemeindebau.
Kilian, Geene und Philippi (2004) beschreiben drei Schlüsselelemente des Setting-Ansatzes: (1) die Befähigung zur Wahrnehmung der eigenen gesundheitsbezogenen Interessen, (2) die aktive Einbindung und Beteiligung der Zielgruppe an der Planung und Durchführung der Maßnahmen (Partizipation) sowie Empowerment und (3) die Entwicklung gesundheitsfördernder Strukturen im Sinne einer organisatorischen Festigung der gesunden Lebenswelt (Kuhlmann und Koch 2009, S. 17).

„Gesundes Ottakring" ist ein Projekt im kommunalen Setting. Gerade in diesem Setting sind die Aktionsebenen „Schaffung gesundheitsförderlicher Lebenswelten" und „Unterstützung gesundheitsbezogener Gemeinschaftsaktionen" der Ottawa Charta von besonderer Wichtigkeit

(Spicker und Lang 2010). Bei der Förderung individueller Gesundheit ist immer zu berücksichtigen, dass Veränderungsprozesse eben Prozesse sind.

Nutbeam (2001) beschreibt in seinem Modell zur Verhaltensänderung, dass Menschen durch fünf Stadien der Veränderung gehen, wenn sie z.B. eine Entscheidung für eine gesunde oder eine ungesunde Ernährung treffen müssen.

Abbildung 3: Transtheoretisches Modell der Stadien der Veränderung

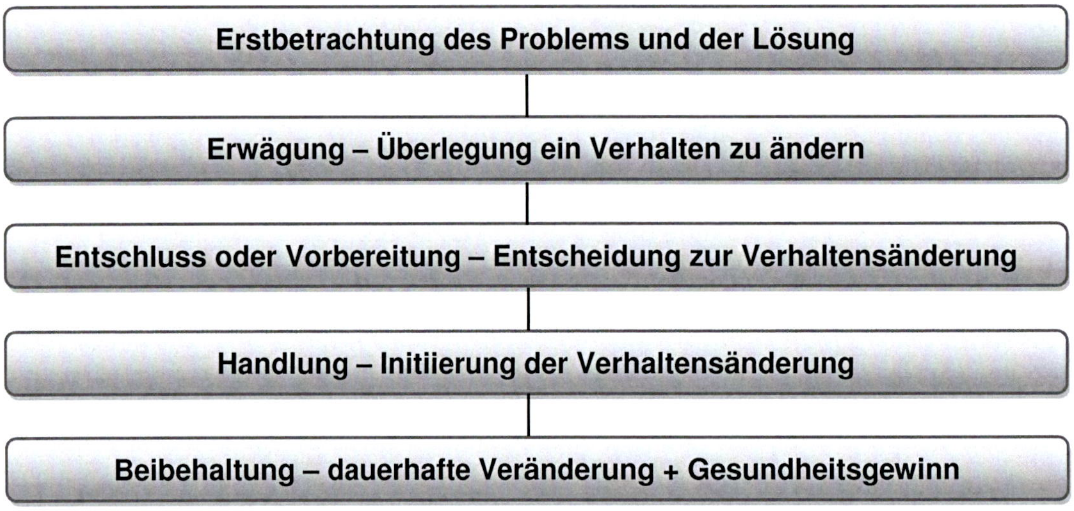

Quelle: eigene Darstellung in Anlehnung an (Nutbeam und Harris 2001)

Der Prozess einer Verhaltensänderung braucht Zeit – von der ersten Erwägung des Problems (z.B. Übergewicht) bis hin zur ernsthaften Überlegung, eine Verhaltensweise zu verändern (z.B. Essgewohnheiten umstellen) zur Entscheidung, dies ab sofort zu tun und dem ersten Schritt (z.B. Termin bei einer ErnährungsberaterIn). Der Gesundheitsgewinn entsteht erst in der letzten Phase der Verhaltensänderung, nämlich durch die Beibehaltung der veränderten Lebensweise.

Ein weiterer Leitbegriff der Gesundheitsförderung ist der Begriff der Partizipation. Partizipation, sprich die Beteiligung der Menschen an Maßnahmen der Gesundheitsförderung, ist in jedem Projekt notwendig und entscheidet häufig darüber, ob Aktivitäten auch nach Abschluss eines Projekts regelmäßig durchgeführt werden. Aus einem amerikanischen Stadtentwicklungsprogramm stammt die besonders hilfreiche „Leiter der Partizipation", in der Arnstein (1969) Merkmale für erfolgreiche BürgerInneninitiativen auflistet. In diesem Modell wird die höchste Partizipation durch eine völlige BürgerInnenbeteiligung erreicht. Wright et al (2007) entwickelten die Leiter für das Feld der Gesundheitsförderung in ein Stufenmodell weiter, das ermöglichen sollte, existierende partizipative Prozesse einzuschätzen und Möglichkeiten zur Steigerung der Partizipation in einem Projekt zu entwickeln. Das Modell ist nachgehend abgebildet.

Abbildung 4: Formen der Partizipation

Stufe 9	Selbstständige Organisation	Weit über Partizipation hinaus
Stufe 8	Entscheidungsmacht	Partizipation
Stufe 7	Teilweise Entscheidungskompetenz	
Stufe 6	Mitbestimmung	
Stufe 5	Einbeziehung	Vorstufen der Partizipation
Stufe 4	Anhörung	
Stufe 3	Information	
Stufe 2	Erziehen und Behandeln	Nicht Partizipation
Stufe 1	Instrumentalisierung	

Quelle: (Wright et al. 2007)

Laut dem Gesundheitsförderungsmodell zur Partizipation erreicht das Projekt „Gesundes Ottakring" durch die Information, Anhörung, Einbeziehung, Mitbestimmung sowie die teilweise Entscheidungskompetenz der Zielgruppen einen hohen Grad an Partizipation.

2.4.3 Ungleichheitsforschung mit Fokus auf sozial Benachteiligte

Das Projekt „Gesundes Ottakring" setzt weiters an den Erkenntnissen der Ungleichheitsforschung an. Diese diskutiert u.a. zwei zentrale Thesen im Zusammenhang mit Armut und Gesundheit. (1) Der Gesundheitszustand einer Person beeinflusst den sozioökonomischen Status. Der deutsche Soziologe und Ungleichheitsforscher Andreas Mielck bezeichnet das als „aufwärts gerichtete soziale Mobilität" (Mielck, 2005). Das bedeutet, dass Krankheit, insbesondere chronische Erkrankungen, eine soziale Schlechterstellung mit sich bringen können. (2) Der sozioökonomische Status beeinflusst den Gesundheitszustand, von Mielck als „abwärts gerichtete soziale Mobilität" bezeichnet (Mielck, 2005).

Determinanten wie Bildung, beruflicher Status und Einkommen bewirken gesundheitliche Ungleichheiten (vertikale Ungleichheiten) zwischen niedrigeren und höheren Bevölkerungsschichten. Die Determinanten Geschlecht, Alter, Migrationserfahrung und Familienstand bewirken gesundheitliche Ungleichheiten zwischen den Bevölkerungsgruppen aller Gesellschaftsschichten (horizontale Ungleichheiten) (Lampert und Kroll 2006, S. 298).
Wenn mehrere niedrige sozioökonomische Werte kumulieren, kann für bestimmte Bevölkerungsgruppen eine besondere gesundheitliche und soziale Belastung entstehen. Nach Schenk (2008b) und Rosenbrock (2009) weist die Bevölkerung unter der Armutsgrenze einen deutlich

schlechteren Gesundheitszustand auf als Menschen mit hohem Einkommen (Schenk 2008b, S. 199; Rosenbrock 2009, S. 9). In den Industrieländern wurde ein Ansteigen von Krankheiten bei fallendem Durchschnittseinkommen der Bevölkerung festgestellt. Mit dem Abfall von Einkommen sinkt auch die Lebenserwartung deutlich. Schenk spricht von einem sozialen Gradienten, d.h. mit vorrückender Einkommensstufe verbessert sich die Gesundheit und steigt die Lebenserwartung (Schenk 2008a, S. 10).

Sozial bedingte Ungleichheit von Gesundheit hat komplexe Ursachen. Zur Erklärung werden verschiedene, eng miteinander verknüpfte Ansätze herangezogen (Richter und Hurrelmann 2006, S. 18 ff).

Menschen mit niedrigem sozioökonomischem Status stehen weniger Ressourcen für einen gesunden Lebensstil zur Verfügung und sie leben und arbeiten eher in gesundheitsschädlichen Umwelten. Gesundheitliche Ungleichheit ist eine Folge von sozial ungleicher Verteilung materieller Lebensgrundlagen wie der Einkommenssituation und der Wohn- und Arbeitsverhältnisse (materieller Erklärungsansatz).

Ein anderer Erklärungsansatz besagt, dass unter Menschen mit niedrigem sozioökonomischem Status so etwas wie eine „Kultur des Ungesunden“ vorherrscht, d.h. eine Kultur der Bewegungslosigkeit, von ungesunden Ernährungsgewohnheiten und Passivität (kulturell-verhaltensbezogener Erklärungsansatz) (Richter und Hurrelmann 2006). Diese Menschen gehen höhere Gesundheitsrisiken ein, was auch durch erhöhten Tabakkonsum zum Ausdruck kommt (Statistik Austria 2008, S. 19).

Bildung ist ein wesentlicher Einflussfaktor für Gesundheit: Der Bildungsstatus bestimmt (1) die Position am Arbeitsmarkt, (2) das Einkommen als auch körperliche und psychische Belastungen am Arbeitsplatz, (3) die Teilnahme am sozialen, kulturellen und politischen Leben, (4) Einstellungen, Überzeugungen und Werthaltungen. Bildungsspezifische Unterschiede sind bei Frauen stärker ausgeprägt als bei Männern (Statistik Austria 2008, S. 37-48). Neben Einkommen und Bildung haben die Art der beruflichen Tätigkeit und die Position in der Arbeitswelt Auswirkungen auf die Gesundheit. Hohe körperliche Belastungen, Unfallgefahren, monotone Arbeitsabläufe, Zeit- und Erfolgsdruck sowie schwierige soziale Beziehungen zu KollegInnen oder Vorgesetzten gehen mit schädlichen Wirkungen auf die Gesundheit einher. Anerkennung im Beruf, Entwicklungsmöglichkeiten von Begabungen und die Übernahme von Verantwortung können positive Effekte auf die Gesundheit bewirken. Der Verlust der Erwerbstätigkeit und der Status der Arbeitslosigkeit kann mit einer erheblichen psychosozialen Belastung und einem hohen Gesundheitsrisiko verbunden sein (Statistik Austria 2008, S. 81).

Weitere Einflussfaktoren für Gesundheit sind psychologische und psychosoziale Belastungen (schwache soziale Netzwerke, kritische Lebensereignisse) und zur Verfügung stehende Ressourcen zur deren Bewältigung (Psychosozialer Erklärungsansatz). Als besonders betroffene Bevölkerungsgruppen werden in diesem Zusammenhang u.a. AlleinerzieherInnen, Personen mit sehr niedrigem beruflichen Status, Personen mit sehr niedrigem Bildungsstatus,

Personen mit sehr niedrigem Einkommen, AsylwerberInnen, Langzeitarbeitslose, Schwangere in schwierigen Lebenssituationen, Haftentlassene, Strafgefangene, und suchtkranke oder wohnungslose Personen genannt.[3]

Der Ansatz der Lebenslaufperspektive zur Erklärung gesundheitlicher Ungleichheit setzt das Zusammenwirken von zeitlichen und faktorbezogenen Risiken in einen sozialen Kontext. Einflussfaktoren wie die soziale Lage der Herkunftsfamilie (ökonomische Situation, Bildungsstatus, Gruppenzugehörigkeit, schichtspezifische Normen und Einstellungen) und das außerfamiliäre soziale Umfeld prägen die Chancen und Risiken, mit denen junge Menschen in ihrer Entwicklung konfrontiert sind. Sie wirken sich auch auf die Wahl der Ausbildung und des Berufs aus. Kinder aus sozial benachteiligten Familien nehmen mit höherer Wahrscheinlichkeit als andere Kinder im Erwachsenenalter selbst eine niedrige soziale Position ein. Gesundheitsrelevantes Verhalten ist geprägt vom familiären und außerfamiliären sozialen Umfeld (Dragano et al. 2009, S. 24-27). Demnach sind MigrantInnen mehrfachen gesundheitlichen Belastungen ausgesetzt. Neben einer schlechten sozialen Situation haben hohe Belastungen am Arbeitsplatz, körperliche Beschwerden und psychische Belastungssymptome negative Auswirkungen auf die Gesundheit. Zusätzlich können sprachliche Barrieren und kulturelle Unterschiede im Gesundheitsverständnis den Zugang zur Gesundheitsversorgung erschweren (Statistik Austria 2008, S. 81). Der Zusammenhang von Armutslagen, Bildung und Gesundheit wird von Altgeld (2005) in der Armutsspirale dargestellt.

Abbildung 5: Armutsspirale

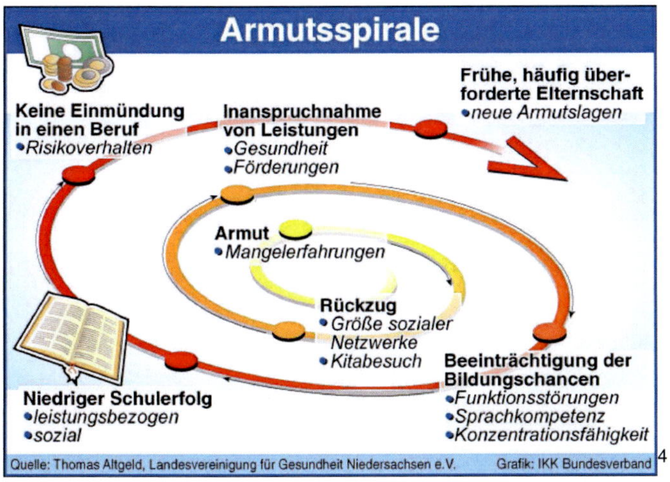

[4]

Die Armutsspirale zeigt, dass erste Anzeichen von Kindesarmut dann auftreten, wenn Kinder Mangelerfahrungen wahrnehmen, wodurch es zu einem Rückzug aus sozialen Netzwerken und zu einer geringeren Inanspruchnahme von bestimmten Leistungen kommt. Die Folge sind Beeinträchtigungen der Bildungschancen, die sich in einem niedrigen Schulerfolg spiegeln und Schwierigkeiten mit der Einmündung in einen Beruf mit sich bringen. Junge Menschen, die von

[3] www.gesundheitliche-chancengleichheit.de Stand 16.11.2011

[4] „Kita“ wird in Deutschland für Kindertagesstätte verwendet und ist dem Begriff „Kindergarten“ gleichzustellen

Armut betroffen sind, werden häufig früh Eltern. Sie fühlen sich oft mit ihrer Situation überfordert, wodurch auch ihre Kinder eine schlechte Startvoraussetzung für ein Leben in Gesundheit und Wohlbefinden haben können (Altgeld 2005, S. 11-18).

2.4.4 Modell der gesundheitlichen Ungleichheit von Andreas Mielck

Die Analyse der Einflussfaktoren auf die Gesundheit der Ottakringer Bevölkerung baut auf dem Modell zur Erklärung gesundheitlicher Ungleichheiten von Andreas Mielck auf, das die Zusammenhänge und Wechselwirkungen zwischen sozialem Status und Gesundheitsverhalten beschreibt (Mielck 2000). Das Modell basiert auf zwei grundlegenden Annahmen: (1) Nicht die gesundheitliche Belastung an sich ist entscheidend, sondern die Bilanz aus gesundheitlicher Belastung und Bewältigungsressource. (2) Das individuelle Gesundheitsverhalten wird durch die Bilanz aus Belastung und Bewältigungsressourcen und durch die Art der gesundheitlichen Versorgung beeinflusst (Mielck 2005, S. 53). Gesundheitliche Ungleichheiten in der Bevölkerung können durch Unterschiede der Belastungen, Unterschiede der Bewältigungsressourcen, Unterschiede der Gesundheitsversorgung und daraus resultierend Unterschiede des Gesundheits- und Krankheitsverhalten erklärt werden.

Abbildung 6: Mielck Modell

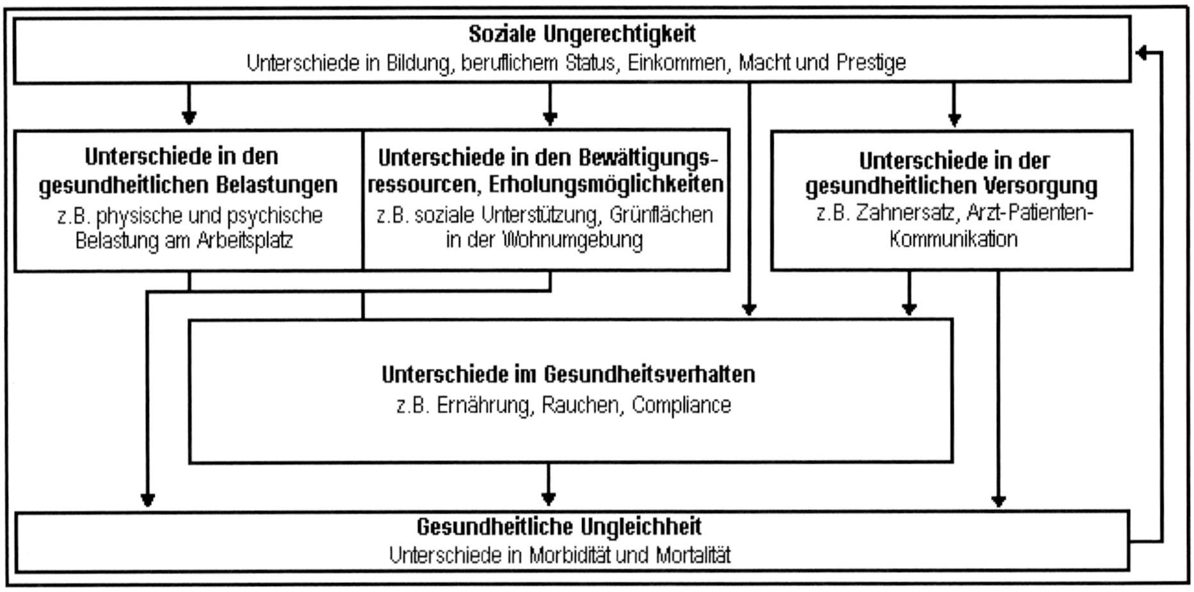

Quelle: (Mielck 2000), überarbeitete Fassung[5]

Mielck beschreibt zwei Interventionsansätze zur Verringerung gesundheitlicher Ungleichheit: Die Verringerung sozialer Ungleichheit (d.h. Unterschiede in Bezug auf Ausbildung, beruflichen Status und Einkommen) und die Verbesserung der Gesundheitschancen von Personen mit niedrigem sozialen Status (d.h. Verstärkung ihrer gesundheitsfördernden Umweltbedingungen,

[5] Compliance ist der Grad, in dem das Verhalten einer Person – in Bezug auf die Einnahme eines Medikamentes, das Befolgen einer Diät oder die Veränderung eines Lebensstils – mit dem ärztlichen oder gesundheitlichen Rat korrespondiert. „Konsequentes Befolgen" könnte gleichbedeutend sein (http://www.medpsych.uni-freiburg.de/OL/body_compliance.html) Stand 16.11.2011

Verbesserung der präventiven und kurativen Gesundheitsversorgung, ihres Gesundheitsverhaltens und ihrer beruflichen und finanziellen Absicherung bei Krankheit).

Abbildung 7: Ansätze zur Verringerung der gesundheitlichen Ungleichheit

	Vor allem bei Personen mit niedrigem sozio-ökonomischen Status:	
	Verringerung der Belastungen	*Stärkung der Ressourcen*
Ansatzpunkt >Individuum<	*Individuelle Maßnahmen zur Verringerung der Belastungen:* - bei Rauchern: Vermeidung des Rauchens - bei allein erziehenden, einkommensarmen Frauen: Bereitstellung einer Haushaltshilfe etc.	*Individuelle Maßnahmen zur Stärkung der Ressourcen:* - bei Übergewichtigen: Förderung von sportlicher Betätigung - bei Kindern aus einkommensarmen Familien: finanzielle Förderung von Ferienreisen etc.
Ansatzpunkt >Umwelt<	*Allgemeine Programme zur Verringerung der Belastungen:* - Wohnbedingungen (z.B. Verringerung von Lärm und Abgasen im Wohngebiet) - Arbeitsbedingungen (z.B. Verringerung von einseitiger körperlicher Belastung und Monotonie) etc.	*Allgemeine Programme zur Stärkung der Ressourcen:* - Verbesserung der finanziellen Lage von einkommensarmen Familien - Verbesserung der gesundheitlichen Versorgung (z.B. Förderung der Teilnahme an Präventionsmaßnahmen) etc.

Quelle: (Mielck 2004, S. 975)

Die Verringerung sozialer Ungleichheiten erfordert strukturelle Veränderungen, die nur langfristig durch gesellschaftliche Prozesse erreicht werden können. Durch das Anknüpfen an individuellen Maßnahmen zur Verbesserung der Gesundheitschancen von Menschen mit niedrigem sozioökonomischem Status kann kurz- und mittelfristig eine Veränderung gesundheitlicher Ungleichheit erreicht werden. Durch die Unterscheidung zwischen individuellem Verhalten (Rauchen, sportliche Bewegung) und Umweltverhältnissen (Arbeits- und Wohnbedingungen) und die Differenzierung in Verringerung von Belastungen und Stärkung von Ressourcen können mögliche Ansatzpunkte zur Verminderung gesundheitlicher Ungleichheit identifiziert werden (Mielck 2005, S. 81-82).

Im Rahmen eines salutogenetischen Ansatzes (siehe Kapitel 2.4.2) ist das Anknüpfen an Ressourcen besonders bedeutend, wenn Gesundheit gefördert werden soll. Bewältigungsressourcen und Erholungsmöglichkeiten sind die dritte Säule im Modell zur gesundheitlichen Ungleichheit nach Andreas Mielck und werden im Folgenden ausführlicher beschrieben.

Studien über diese dritte Säule beziehen sich zum größten Teil auf den Aufbau und die Förderung von Bewältigungsressourcen in kritischen Lebenssituationen oder Krisen. Auskunft darüber, wie unterschiedlich Bewältigungsressourcen im Erwachsenenalter nach sozialer Herkunft, Einkommen, Berufsgruppe oder Alter verteilt sind, gibt es keine. Die (Resilienz-)

Forschung geht aber weitgehend davon aus, dass sich soziale Ungleichheiten aus dem Kindes- und Jugendlichenalter als gesundheitliche Ungleichheiten ins Erwachsenenalter übertragen (Schenk 2004). So beschreibt der österreichische Armutsforscher Martin Schenk, dass bei 9-Jährigen aus Familien mit geringem Einkommen durchschnittlich neun Zähne gefault sind und dass Kinder von erwerbslosen Eltern öfter als andere Kinder an asthmatischen Erkrankungen und Kopfschmerzen leiden. Dies rührt z.B. auch von schlechten Wohnbedingungen her (feuchte Wohnungen usw.). Daher ist die Analyse von Bewältigungsressourcen im Kindes- und Jugendlichenalter besonders wesentlich (Rosenbrock 2008).
Resilienz ist die Fähigkeit, gut mit belastenden Erlebnissen und Ereignissen umgehen zu können. Dieser Begriff könnte auch mit „psychischer Widerstandsfähigkeit" übersetzt werden. Resilienz, d.h. seelische Widerstandsfähigkeit, ist erlernbar und nicht etwa angeboren. Die Widerstandsfähigkeit eines Menschen kann variieren, je nach Lebenssituation. Die Wurzeln der Widerstandsfähigkeit liegen in den Bedingungen, die Kinder haben, um diese Widerstandsfähigkeit zu lernen (Wustmann 2008). Ein Schluss, der daraus gezogen werden muss, ist, dass Ärmere frühzeitig – d.h. im Kindes- und Jugendalter – in ihren Selbsthilfepotentialen und Ressourcen gestärkt werden müssen (Schenk 2004, S. 4).

Die Literatur unterscheidet zwischen (1) externen und (2) internen Bewältigungsressourcen.
(1) **Externe Bewältigungsressourcen** liegen im Umfeld einer Person bzw. im sozioökonomischen Status (z.B. Einkommen des Haushalts, Familienleben, Berufsgruppenzugehörigkeit, Sozialkapital usw.). Laut dem Wiener Sozialsurvey aus dem Jahr 2001 sind Ressourcen mit folgenden Aspekten verbunden, die sich wiederum auf die Gesundheit (und die Widerstandsressourcen einer Person) auswirken:

- Anerkennung durch den Beruf
- Zufriedenheit mit der eigenen finanziellen Lage
- Zufriedenheit mit dem Familienleben
- Zufriedenheit mit dem eigenen sozialen Netz
- Zufriedenheit mit der Freizeitgestaltung

Die meisten dieser Faktoren hängen vom sozioökonomischen Status ab und wirken sich auf die Gesundheit, die Bewältigungsressourcen und Erholungsmöglichkeiten aus. In Wien beträgt die Zufriedenheit mit der Freizeitgestaltung beispielsweise 77,7 % bei den Frauen und 81,6 % bei den Männern. Dennoch bleibt ein Anteil von 22,3 % der Frauen und 18,4 % der Männer, die gar nicht oder wenig zufrieden sind. Bei der Zufriedenheit mit dem Familienleben zeigt sich, je höher das Haushaltseinkommen einer Familie, desto höher die Zufriedenheit, was ein Indikator dafür ist, dass die Familie in ärmeren Haushalten weniger Bewältigungsressourcen hat als in reicheren Haushalten (Freidl et al. 2001 S. 80ff). Prinzipiell gilt Sozialkapital als eine der wesentlichsten externen Bewältigungsressourcen. Dazu gehören positive Vorbilder, soziale Unterstützung, stabile verlässliche Beziehungen und Stabilität in der Familie. Zu den

Bewältigungsressourcen gehören weiters Erholungsmöglichkeiten (Erholungsräume und Entlastungsmöglichkeiten durch alternative Handlungsoptionen im Alltag) und nicht zuletzt Anerkennung und Aufmerksamkeit, die nicht leistungsbezogen, sondern personenbezogen wertschätzend und anerkennend sind.

(2) **Interne Bewältigungsressourcen** sind Ressourcen der Person, die in weiterer Folge ein Handeln in Problemlagen ermöglichen und im Laufe der Sozialisation erlernt werden. Als Beispiele können Selbstsicherheit, Steuerungsmöglichkeiten und andere persönliche Kompetenzen genannt werden. Die eigene Gesundheit beeinflussen zu können, zählt zu diesen internen Bewältigungsressourcen. Bei benachteiligten Jugendlichen[6] ist der Zusammenhang nachgewiesen, dass geringes Selbstwertgefühl und das Gefühl, die eigenen Lebensumstände nicht beeinflussen zu können, zu geringerer Problemlösungskompetenz führt (Winkler 2004). Auch die Bewältigungsressourcen, Dauer und Folgen einer Krankheit zu überwinden, sind bei benachteiligten Jugendlichen geringer ausgeprägt als bei anderen Jugendlichen. „Personen mit einem größeren Ausmaß an wahrgenommener Kontrolle sind [...], verglichen mit anderen Personen, eher in der Lage, ihre gesundheitsförderlichen Verhaltensweisen auch aufrecht zu erhalten, weil sie auftauchende Hindernisse als Herausforderungen betrachten, die es zu überwinden gilt" (Winkler 2004 S.32). Das Training von Bewältigungsressourcen kann an den jeweiligen Belastungen der Person oder Personengruppe ansetzen, die es betrifft, z.B. mit Kompetenz- und Stärkenprofilen (Stehr 2000). Das Erlernen von Bewältigungsressourcen im Laufe des Lebens ist schichtabhängig (Naegele 2004).

Die Tabelle 1 fasst die externen und internen Bewältigungsressourcen zusammen:

Bewältigungsressourcen (extern ,objektiv)	**Bewältigungsressourcen (intern, subjektiv)**
Sozioökonomischer Status Bildung Einkommen **Soziales Kapital** Positive Vorbilder Soziale Unterstützung Stabile verlässliche Bezugsperson Zusammenhalt und Stabilität in der Familie	▪ Wille zum Sinn ▪ Selbstwirksamkeit ▪ Kontrollüberzeugungen (Situationskontrolle und Kontrolle über eigene Lebenssituation) ▪ Schicksalskontrolle ▪ Ausdauer ▪ Kohärenzsinn ▪ optimistische zuversichtliche Lebenseinstellung ▪ Sinnhaftigkeit ▪ Empowerment, sich beteiligen können ▪ Gesundheitskompetenz (Entscheidungen für / gegen Gesundheit treffen zu können)

[6] gemeint sind HauptschülerInnen ohne Schulabschluss, langzeitarbeitslose Jugendliche, AusbildungsabbrecherInnen, Jugendliche mit gesundheitlichen Einschränkungen, MigrantInnen mit Sprachproblemen, junge Menschen mit misslungener familiärer Sozialisation sowie junge Frauen, die aufgrund von gesellschaftlichen Rahmenbedingungen benachteiligt sind

Anerkennung und Aufmerksamkeit (nicht leistungsbezogen oder konkurrenzhierarchisch) Bestätigung, Wertschätzung, Nützlichkeit **Erholungsmöglichkeiten** Handlungsspielräume / Alternativen Entlastungsmöglichkeiten Erholungsräume	▪ Körperbewusstsein ▪ Krisenkompetenzbewältigung ▪ Problemlösungskompetenz ▪ Sozialkompetenz ▪ Selbstständigkeit ▪ positives Selbstbild und hohes Selbstwertgefühl ▪ Möglichkeit des intuitiven Gefühlaufbaus ▪ soziale Interaktionsfähigkeit ▪ Motivation ▪ Stressbewältigungskompetenz
Wertschätzung durch die Gesellschaft	

Quellen: (Fuß 2009; Rosenbrock 2008; Wustmann 2008; Stehr 2000)

Das Thema der Wertschätzung durch die Gesellschaft ist ein Querschnittsthema, das Einfluss auf die Bewältigungsressourcen verschiedener gesellschaftlicher Gruppen ausübt. Wird einer sozialen Gruppe (z.B. Punks) oder einer Berufsgruppe (z.B. Reinigungskräften) geringe Wertschätzung als Gruppe auf gesellschaftlicher Ebene zuteil, wirkt sich das negativ auf deren Bewältigungsressourcen im Allgemeinen aus. Als Beispiel werden in der Literatur z.B. AnalphabetInnen genannt, die oft im Jugendlichenalter als SchülerInnen schlechte Lernerfahrungen gemacht haben, die sich dann im Berufsalltag verfestigt haben. Das Selbstbild dieser Personengruppe ist aufgrund schlechter Erfahrungen in der Schule und am Arbeitsplatz durch mangelnde Wertschätzung gekennzeichnet. Eine positive Identifikation mit der Gesellschaft ist unter Umständen für solche Gruppen schwierig. Wertschätzung ist oftmals an Wertschöpfung und damit an Arbeitskraft gebunden. Personengruppen, die nicht oder am Rande im Arbeitsprozess stehen, haben daher unter Umständen weniger Bewältigungsressourcen zur Verfügung (Freidl et al. 2001).

Bewältigungsressourcen sind notwendig, um Gesundheitsbelastungen zu vermindern, Handlungsspielräume zur Überwindung von Gesundheitsbelastungen zu erhöhen und um die Handlungskompetenz für diese Überwindung entwickeln zu können (Rosenbrock 2008). Im Rahmen der Umsetzung von gesundheitsförderlichen Aktivitäten im Projekt „Gesundes Ottakring" soll besonderer Wert auf die Stärkung der Ressourcen gelegt werden.

2.5 Methode und Vorgehensweise

Das Ziel der von Jänner bis Juni 2011 andauernden Recherche war es, **bezirksspezifische** Daten zur gesundheitlichen Lage in Ottakring zu erheben. Dabei wurde zwischen den aus dem Mielck Modell bekannten vier Faktoren zur Erklärung von gesundheitlichen Ungleichheiten unterschieden: Unterschiede in den Versorgungsstrukturen, in den Belastungen, in den Bewältigungsressourcen und im Gesundheitsverhalten.

Die Recherche basiert auf folgenden Methoden:

1. keywordgeleitete Internetrecherche
2. qualitative ExpertInneninterviews
3. strukturierte Stadtteilbegehungen

Keywordgeleitete Internetrecherche: Es wurde eine keywordgeleitete Internetrecherche zu Gesundheit, Belastungen und Versorgungsstrukturen in Ottakring durchgeführt. Gesucht wurde in verschiedenen Projektdatenbanken, google scholar und Homepages bezirksspezifischer Einrichtungen und Vereine beispielsweise nach Schlagworten wie „Gesundheit*Versorgung*Einrichtungen" in Kombination mit den Projektzielgruppen und Settings (z.B. Versorgung+MigrantInnen+Ottakring, Vereine+MigrantInnen+Ottakring, Belastungen+Senioren+Ottakring). Auswertungen zu gesundheitlichen Belastungen beruhen primär auf unveröffentlichten Projektberichten („grauer Literatur"[7]) und stammen großteils aus Berichten der Stadtentwicklung und -planung, was das Überwiegen von raum- und strukturbezogenen Daten, die auf eine gesundheitliche Belastung schließen lassen, begründet. Daten hinsichtlich gesundheitlicher Verhaltensweisen wie Rauchen, Alkohol- und Drogenkonsum, Ernährung und Bewegung konnten für Ottakring im Zuge der Literaturrecherche nicht gefunden werden, weil Ergebnisse aus Österreichischen oder Wiener Gesundheitsberichten nicht auf Bezirksebene heruntergebrochen werden.

Die Recherche war daher auf „graue Literatur" ausgerichtet, da es darum ging, bezirksspezifische Daten zu erheben und keine wissenschaftliche Literatur zur Gesundheit in Ottakring vorliegt. Bezirksspezifische Daten aus Ottakring sind in wissenschaftlicher Literatur (d.h. Verlagsliteratur und wissenschaftlichen Datenbanken) nicht zu finden. Viele der recherchierten Berichte beinhalten keine bezirksspezifischen Daten, sondern nur wienweit gültige Angaben.

Qualitative ExpertInneninterviews: Um fehlende Informationen zu erheben, wurden im Projektverlauf qualitative Interviews im Bezirk geführt. Als InterviewpartnerInnen wurden Menschen ausgewählt, die in Ottakring leben und arbeiten, und daher ExpertInnen für die Lebenswelt im Bezirk sind. Die ExpertInnen verbinden langjährige Tätigkeiten mit Ottakring, ihre KundInnengruppen sind breit gefächert. Sie kennen die Ressourcen des sozialen Raumes und sind wichtige PartnerInnen in Entwicklungsprozessen im Bezirk (Früchtel et al. 2010). ExpertInnen können daher Aussagen über das Gesundheits- und Krankheitsverhalten der Ottakringer Bevölkerung treffen. Die Interviews werden im Bericht mit I für Interview, der Nummer und der Zeile im Transkript wiedergegeben.

---

[7] Mit grauer Literatur ist Literatur gemeint, die von Organisationen oder Vereinen selbst herausgegeben wird und nicht von einem Verlag. Dadurch sind viele Publikationen aus der grauen Literatur „unveröffentlicht", da sie durch keinen Verlag veröffentlicht wurden. Die wissenschaftliche Qualität von grauer Literatur ist immer zu hinterfragen.

Tabelle 1: Übersicht über die Interviews

Nr.	Organisationsform	Position der InterviewpartnerInnen	Datum	Dauer
1	Stadtnahe Organisation in Ottakring	Freiraumplaner	4.5.2011	25 Minuten
2	Öffentliche Einrichtung in Ottakring	Sozialarbeiterin	30.5.2011	36 Minuten
3	Verein	Psychotherapeutin	5.4.2011	49 Minuten
4	Verein	Soziologin	18.5.2011	46 Minuten
5	Non-Profit Organisation in Ottakring	Beraterin	11.4.2011	50 Minuten
6	Politische Organisation	Politikerin	16.5.2011	18 Minuten
7	Verein in Ottakring	SozialarbeiterInnen	13.4.2011	41 Minuten
8	Öffentliche Schule in Ottakring	Lehrkraft	18.5.2011	28 Minuten

Die Auswahl der InterviewpartnerInnen erfolgte nach folgenden Kriterien:

- Inhaltliche Kompetenz
- WissensträgerInnen zu den drei Zielgruppen des Projekts, zum jeweiligen Arbeitsfeld und ihrer Organisation
- Kenntnis der übergeordneten Zusammenhänge, aber trotzdem direkter KlientInnenkontakt

Die dargelegten Ergebnisse sind aus der Analyse der acht ExpertInneninterviews mit VertreterInnen aus Ottakrings Organisationen und Vereinen abgeleitet und stellen subjektive Sichtweisen der befragten Personengruppe dar. Die Auswertung konzentrierte sich auf die klassischen Themen der Bewegung, der Ernährung und der seelischen Gesundheit.

Strukturierte Stadtteilbegehungen: Als Ergänzung zu den anderen Erhebungsmethoden wurden strukturierte Stadtteilbegehungen durchgeführt, um einen Einblick in das Lebensfeld der OttakringerInnen zu bekommen und um die Struktur des jeweiligen Stadtteils (Wohnanlagen, Grünflächen und Freiräume, Freizeitgestaltungsmöglichkeiten, Bildungseinrichtungen und Verkehrsknotenpunkte) kennenzulernen.

Das Instrument der strukturierten Stadtteilbegehung ist eine Methode der Sozialraumanalyse. Der Begriff des Sozialraums kommt aus der Stadtsoziologie und der Pädagogik und bezeichnet einen sozial konstruierten Raum. Das Konzept des Sozialraums wird in unterschiedlichen Feldern angewandt, wie z.B. in der Stadtplanung und Stadtentwicklung, in der Gemeinwesenarbeit und in der Jugendarbeit, in der es seit etwa 20 Jahren einen großen Stellenwert einnimmt. Die Methode der Sozialraumanalyse wird im Zuge einer Stadtanalyse angewandt, um

Wechselwirkungen zwischen räumlichen Formationen und bevölkerungsbedingten Strukturen und Zusammenhänge zwischen räumlicher Umgebung und sozialem Handeln zu erforschen (Hertzsch 2010, S. 89).

Die Stadtteilbegehung ist eine Methode der bewussten Auseinandersetzung mit Orten und Plätzen in einem speziellen Sozialraum, dem Lebens- und Wohnraum von Menschen. Sie kommt aus der Gemeinwesenarbeit und wird primär in der Kinder- und Jugendarbeit angewandt. Im Zuge der strukturierten Stadtteilbegehung wird ein Stadtteil aus verschiedenen räumlichen und sozialen Blickwinkeln betrachtet.

Je nach Zielsetzung der Methode kann sie von Fachkräften alleine oder gemeinsam mit der Zielgruppe zur Erforschung ihrer eigenen lebensweltlichen Sicht und der subjektiven Bedeutung bestimmter Orte in Siedlungen durchgeführt werden (Deinet und Krisch 2002). Im Rahmen einer strukturierten Stadtteilbegehung werden vorab bestimmte Routen festgelegt und zu unterschiedlichen Zeitpunkten mehrmals begangen. Diese Rundgänge sind von genauen Beobachtungen geprägt und werden dokumentiert (Deinet und Krisch 2002).

Im Projekt „Gesundes Ottakring" wird die Methode der strukturierten Stadtteilbegehung für den spezifischen Bedarf adaptiert. Durch die Begehung von Orten und Plätzen in Ottakring werden die räumlichen Strukturen der Grätzel im Bezirk erfasst und sozialräumliche Aspekte in Zusammenhang mit gesundheitlichen Belastungen und Ressourcen im Bezirk identifiziert. Die Begehungen wurden anhand vorab definierter Routen vom Projektteam durchgeführt. Die Beobachtungen wurden entlang der Kategorien Dinge, Menschen und Stimmungen sowie räumliche und Gesundheitsstrukturen dokumentiert (Krisch 2009, S. 97-102). Beobachtet wurde u.a.:

Dinge

- Sind Häuser, Haltestellen, Wände bemalt / beschriftet? Mit welchen Texten?
- Wie viel Schmutz liegt herum?
- Für wen und wo gibt es Orte / Plätze als Treffpunkte?
- Wo gibt es Straßen oder andere bauliche Barrieren, die Menschen daran hindern, ihren Sozialraum zu nutzen?
- Was ist alles beschädigt (Mistkübel, Bänke, Spielplätze...)?
- Wie sehen Innenhöfe aus (Gestaltungsmöglichkeiten, Spielmöglichkeiten)?

Menschen und Stimmungen

- Wer ist im öffentlichen Raum (Alter, Geschlecht, Migrationshintergrund etc.)?
- Reden Menschen aus unterschiedlichen Generationen miteinander?
- Findet Kontakt zwischen Menschen unterschiedlicher Herkunft statt?
- Welche Gruppen bestimmen das Geschehen auf öffentlichen Plätzen?
- Wie werden Konflikte ausgetragen?

Strukturen

- Welche Gesundheitseinrichtungen befinden sich im Stadtteil und wie sind sie gestaltet?
- Ist Gesundheit ein Thema auf Werbeplakaten?
- Wie viele Spielplätze gibt es und für wen? Für welche Gruppe gibt es keine Spielplätze?
- Wie ausgebaut ist der Verkehr?
- Wo gibt es besonders viele Gemeindebauten?
- Gibt es ungenützte Räume?
- Wie sind Erdgeschoß-Lokale genützt? Gibt es leerstehende Lokale?

Im Zuge der Interpretation einer Stadtteilbegehung werden Informationen aus Notizen und Fotos, die in der Begehung gemacht wurden, zusammengeführt (Deinet und Krisch 2002).

3 WAS OTTAKRING KENNZEICHNET – ERGEBNISSE AUS DER LITERATUR

In den folgenden Kapiteln werden bezirksspezifische Daten aus der Literatur zu Bevölkerung, Flächenverteilung und Verkehr, Einflussfaktoren auf die Gesundheit in Ottakring, Entscheidungs- und Versorgungsstrukturen sowie die Außenwirkung des Bezirks dargestellt.

3.1 Ottakring – ein Bezirk stellt sich vor

Ottakring befindet sich im Westen Wiens und grenzt südlich an den 14. und 15. Bezirk sowie nördlich an den 17. Bezirk. Ottakring kann als „Binnenbezirk" bezeichnet werden, da er durch andere Bezirke eingeschlossen ist.

Abbildung 8: Ottakring

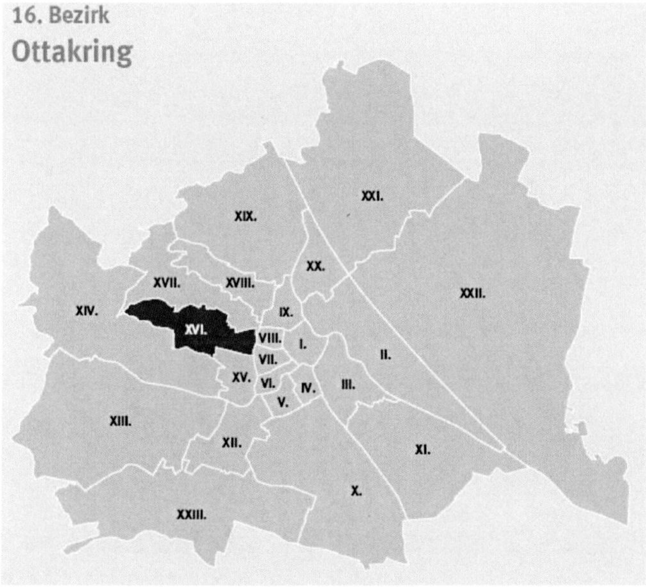

Eckdaten:

- Fläche von 8,65 km^2
- Bevölkerung: 95.084 Menschen
- untypisch hoher Waldanteil, 22% der Bezirksfläche ist Wald
- Ottakring gehört zu den dichtest verbauten Gebieten in Wien
- gesamte Bevölkerung lebt auf etwa 7 km^2
- Zahl der Menschen ohne österreichische Staatsbürgerschaft beträgt 25.546 (Holzhacker 2010, S. 11)

Quelle: (Statistisches Jahrbuch der Stadt Wien 2010, S. 304)

Der Migrationsanteil in Ottakring beträgt ca. 27%. Ca. 5.000 Personen in Ottakring waren 2010 arbeitssuchend gemeldet, der Großteil davon Männer. Das durchschnittliche Nettoeinkommen beträgt ca. 18.000 € jährlich.

Die folgende Tabelle fasst einige Fakten über Ottakring zusammen.

Abbildung 9: Bezirksporträt Ottakring

Wohnbevölkerung 2010	**95.084**
Männer	46.105
Frauen	48.979
Durchschnittsalter	**40,4**
Männer	38,7
Frauen	42,0
AusländerInnenanteil in %	**27,6**
Männer	29,9
Frauen	25,3
Altersgruppen	
0–5 Jahre	5.830
6–14 Jahre	7.551
15–24 Jahre	11.956
25–64 Jahre	54.919
65 Jahre und älter	14.828
Bevölkerungsbewegung	
Lebendgeborene	1.105
Gestorbene	913
Geburtenbilanz	192
Wanderung	
Zuzüge	10.942
Wegzüge	10.810
Wanderungsbilanz	132
Bevölkerungsdichte	**10.962,0**
Wirtschaft 2001	
Unternehmen	2.901
Arbeitsstätten	3.708
Arbeitsmarkt 2009	
Beschäftigte *	**17.680**
Männer	9.060
Frauen	8.620
Arbeitslose **	**4.959**
Männer	3.174
Frauen	1.785

Einkommen in EUR * 2008**	**18.027**
Männer	19.657
Frauen	16.213
Institutionelle Kinderbetreuung und Schulen 2009	
Kinder in institutionellen Kinderbetreuungseinrichtungen	3.680
Kinder in Schulen des Bezirks	4.473
Medizinische Versorgung 2009	
Niedergelassene AllgemeinmedizinerInnen	72
Niedergelassene Fach- und Zahnärztinnen und -ärzte	150
Öffentliche Apotheken	15
Gebäude 2001	**6.763**
erbaut vor 1919	2.248
zwischen 1919 und 1944	1.209
zwischen 1945 und 1980	2.137
nach 1980	673
nicht rekonstruierbar	496
Wohnungen 2010	
Zahl der Wohnungen	48.490
Personen je Wohnung	2,0
Straßen 2009	
Gemeindestraßen in m	100.233
Radwege in m	22.610
Kraftfahrzeuge 2009	
Pkw	30.950
Pkw je 1.000 EinwohnerInnen	325,5
Motorräder, Motorfahrräder	3.959
Straßenverkehrsunfälle 2009	**254**
Verletzte	328
Getötete	-
Auf dem Schulweg verletzte Kinder	3
Hotels und Pensionen 2009	
Betten	707
Gäste	66.509
Übernachtungen	150.384

* Unselbstständig aktive Beschäftigte.
** Nach nationaler Zählung.
*** Jahresnettoeinkommen der unselbstständig Beschäftigten nach dem Wohnort.

Quelle: (Statistisches Jahrbuch der Stadt Wien 2010, S. 304)

Ottakring hat eine Fläche von ca. 865 Hektar. Davon nehmen Wohnflächen ca. 315 Hektar ein und 34 Hektar entfallen auf öffentliche Einrichtungen, Kulturvereine usw. 317 Hektar sind Grünflächen, 155 Hektar sind Verkehrsflächen. Der Rest verteilt sich auf andere Bauflächen und Gewässer.

Abbildung 10: Gebietsfläche Ottakring

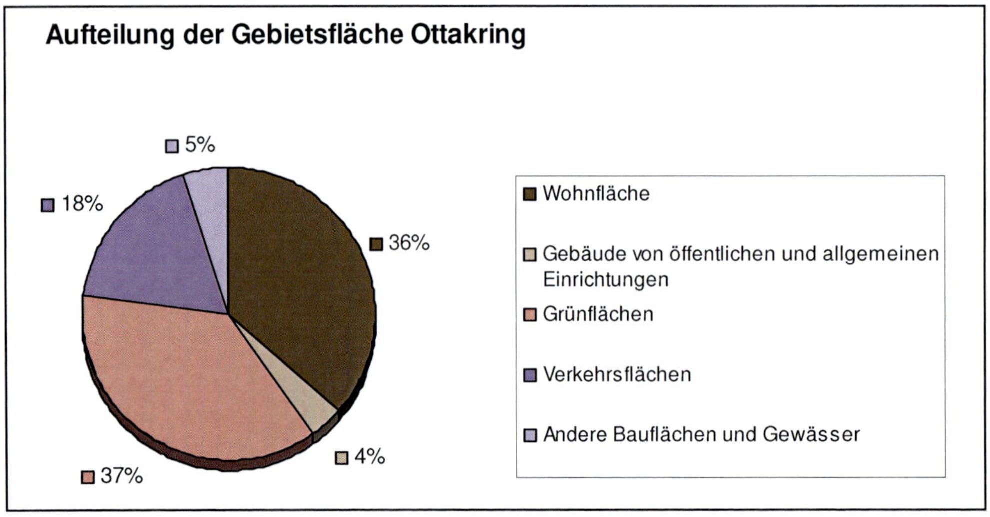

Quelle: eigene Berechnung und Darstellung, (Statistisches Jahrbuch der Stadt Wien 2009b, S. 19)

Die Ottakringer Wohnflächen und Grünflächen halten sich mit jeweils ca. 36 % der Bezirksfläche die Waage. Verkehrsflächen nehmen rund 18 % der Fläche ein und sind somit an dritter Stelle.

Von den 317 ha Grünflächen in Ottakring entfallen ca. 40 ha auf Parkanlagen, ca. 190 ha auf Waldflächen des Wilhelminenbergs, 10 ha auf landwirtschaftlich genutzte Flächen, 55 ha auf Kleingärten, 8 ha auf Wiesen und 16 ha auf Sport- und Freizeitflächen.

Abbildung 11: Grünflächen in Ottakring

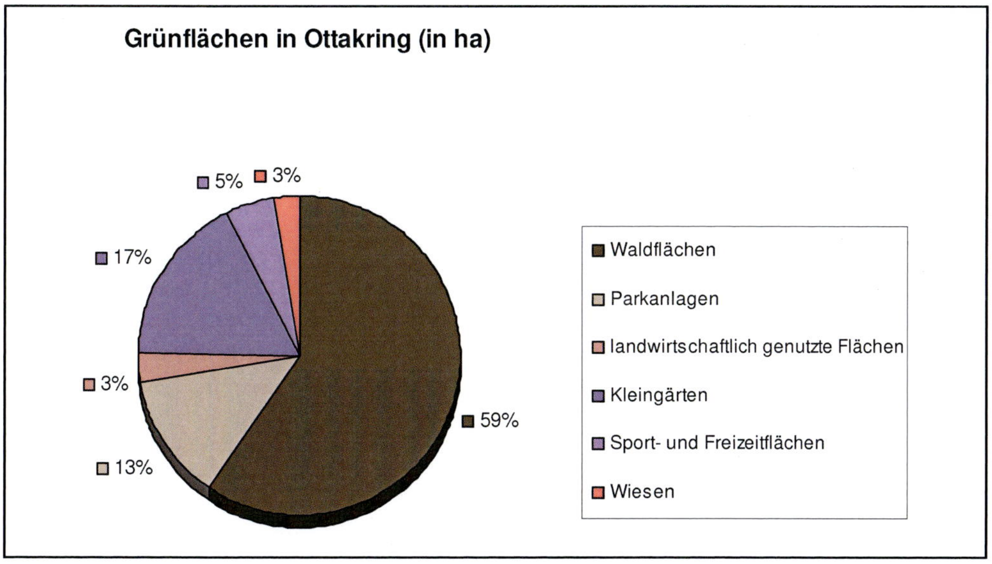

Quelle: eigene Berechnung und Darstellung, (Statistisches Jahrbuch der Stadt Wien 2009b, S. 20)

Waldflächen machen den Großteil der Grünflächen Ottakrings aus, gefolgt von Kleingärten und Parkanlagen. Ca. 230 ha des Bezirks, die Wald- und Wiesenflächen am Wilhelminenberg (ca. 26% der Bezirksfläche), sind sogenannte Landschaftsschutzgebiete (Statistisches Jahrbuch der Stadt Wien 2010, 2009b).

Die durchschnittliche Nutzfläche in m² der Wohnungen mit Hauptwohnsitz pro BewohnerIn in Ottakring (Stand 2001) liegt unter dem Wiener Durchschnitt. Ottakring belegt den drittschlechtesten Platz nach dem 15. und 20 Bezirk. Laut Statistik gab es 2001 ca. 7.500 Wohnungen in der Kategorie D Substandardwohnungen (IV und V) in Ottakring. Diese Zahl ist jedoch im Vergleich zu 1991 gesunken (damals: 8.528 Wohnungen).

Ottakring verfügt über zwei U3 Stationen (U3 Station Ottakring, U3 Station Kendlerstrasse). Die U3 Station Ottakring ist zugleich Endstation der U3 Linie und S-Bahn Station, wodurch sie als Verkehrsknotenpunkt gilt. Der Platz direkt vor dieser Station wird gerne als Veranstaltungsort in Ottakring genutzt. In den Gürtelgegenden liegen die U6 Stationen Josefstädter Straße und Thaliastrasse an der Grenze Ottakrings zu den gürtelinneren Bezirken. Es fällt auf, dass die Mitte Ottakrings lediglich über Straßenbahnen und Buslinien zu erreichen ist, denn die

U-Bahnen erschließen nur die Randgebiete des Bezirks. Für RadfahrerInnen gibt es auf der Thaliastrasse drei City-Bike-Stationen.

3.2 Einflussfaktoren auf die Gesundheit der Bevölkerung

In diesem Kapitel werden Einflussfaktoren auf die Gesundheit in Bezug auf sozioökonomische und soziodemographische Merkmale beschrieben und gesundheitliche Belastungen aus Lebens- und Wohnbedingungen sowie Arbeitsbedingungen dargestellt.
Weitere Einflussfaktoren wurden in der empirischen Untersuchung erhoben und sind im Kapitel 4 dargestellt. Außerdem sind in den Kapiteln 8.2.7 und 8.5 Erholungs- und Freizeitmöglichkeiten beschrieben, die ebenfalls Ressourcen für Gesundheit bilden.

3.2.1 Sozioökonomische und Soziodemographische Merkmale

In der Zusammenschau von Bevölkerungsmerkmalen (Altersstruktur, Bildungsstatus, Einkommen) Wohnqualität und Erholungsräumen im Wohnumfeld können sozioökonomische und soziodemographische „Brennpunkte" in Ottakring erfasst werden.
Besonders in den gürtelnahen Gebieten Ottakrings kann eine Kumulation von verschiedenen sozioökonomischen und soziodemographischen Faktoren festgestellt werden, die auf besonders hohe gesundheitliche und soziale Belastungen schließen lassen.

Die nachstehende Abbildung 12 zeigt, dass der östliche Teil des Bezirkes von einem niedrigen Bildungsniveau, einer hohen Arbeitslosigkeit und einer niedrigen beruflichen Qualifikation geprägt ist. Diese drei Faktoren weisen auf eine hohe gesundheitliche und soziale Belastung diesem Bezirksgebiet hin.

Abbildung 12: Sozialer Status

Quelle: Eigene Darstellung (Stadt Wien 2010a)

Detaillierte Angaben zum sozialen Status finden sich im Statistischen Jahrbuch der Stadt Wien:

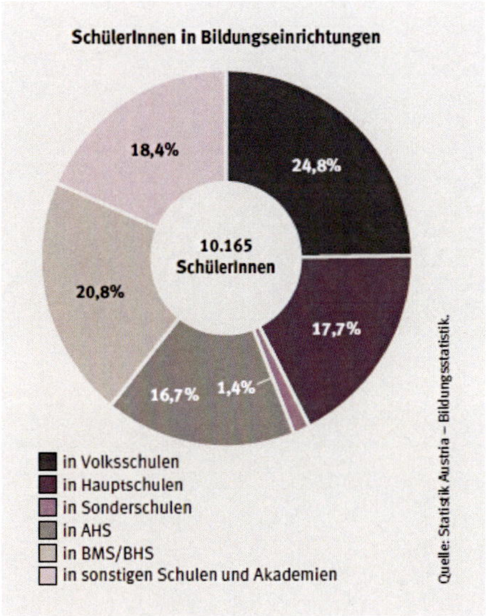

Abbildung 13: SchülerInnen

Von den über 10.000 SchülerInnen in Ottakring geht ca. ein Viertel in Volksschulen, ein Fünftel in die BMS und BHS und zwischen 16% und 18% gehen jeweils in Hauptschulen, AHS und Sonstige. 1,4 % der OttakringerInnen besuchen Sonderschulen. Im Vergleich dazu beträgt der Anteil der SchülerInnen in Wien in Volksschulen 27%, 13% in BMS und BHS, ca. 14% entfallen auf Hauptschulen, 26% auf AHS und 18,3% auf Sonstige Schulen und Akademien.

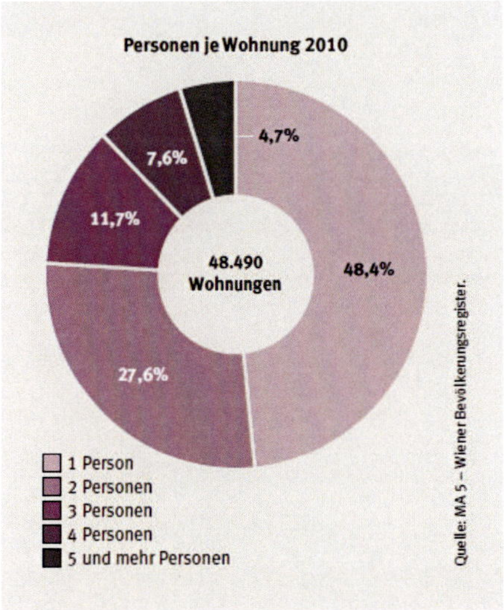

Abbildung 14: Wohnungen

Der Anteil der Singlehaushalte beträgt in Ottakring 48,4%. 27,6% der Haushalte sind Zwei-Personen-Haushalte, 11,7% sind Drei-Personen-Haushalte und 7,6 % sind Vier-Personen-Haushalte. In 4,7% der Wohnungen leben 5 oder mehr Personen. Im Vergleich dazu verlaufen die Prozentzahlen für Wien folgendermaßen: 45,6%, 29%, 12,6%, 8% und 4,7%.

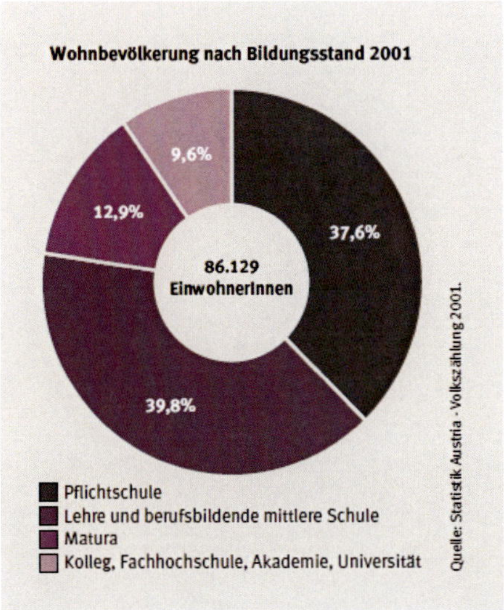

Abbildung 15: Bildungsstand

Betrachtet man die Ottakringer Wohnbevölkerung nach Bildungsstand (gemessen am höchsten Schulabschluss), zeigt sich, dass der Anteil der Personen mit Pflichtschulabschluss 37,6% beträgt. 39,8% haben Lehrabschluss bzw. BMS Abschluss. Lediglich 12,9% der OttakringerInnen haben Matura und weniger als 10% einen akademischen Abschluss. Die Zahlen für Wien sind 33,2%, 39,2%, 15% und 12,6%.

Quelle: (Statistisches Jahrbuch der Stadt Wien 2010, S. 304)

Als soziodemographischer Faktor bewirkt Alter in Verbindung mit anderen Faktoren gesundheitliche Benachteiligung. Menschen über 65 und über 75 Jahren leben in Ottakring vor allem im Gebiet zwischen der Koppstraße und der Grenze zum 15. Wiener Gemeindebezirk (Abbildung 16).

Abbildung 16: Altersstrukturen

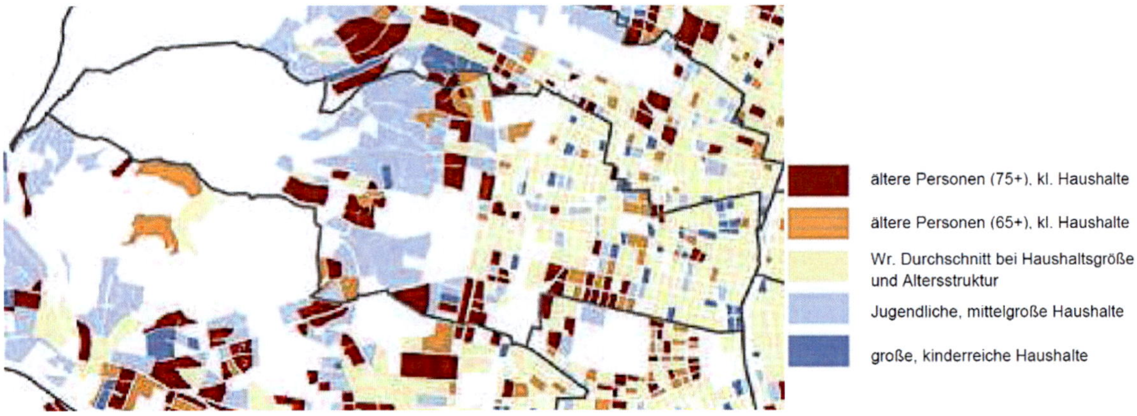

Quelle: eigene Darstellung (Stadt Wien 2010a)

Unter den BewohnerInnen der gürtelnahen Gegenden ist ein hoher Anteil von Menschen mit unterschiedlichem ethnischen Hintergrund, insbesondere aus dem ehemaligen Jugoslawien und der Türkei, festzustellen (Stadt Wien 2010a). Am Brunnenmarkt weisen mehr als zwei Drittel der StandbesitzerInnen und VerkäuferInnen einen türkischen Migrationshintergrund auf (Nachtigall 2008, S. 55). Dies wird in Abbildung 17 veranschaulicht.

Abbildung 17: Bevölkerungsdichte und Herkunft

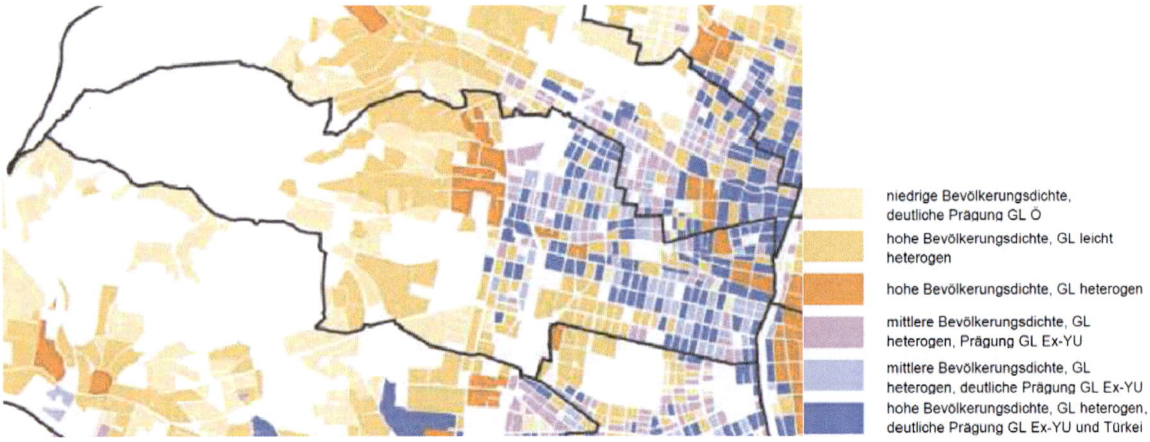

Quelle: eigene Darstellung (Stadt Wien 2010a)[8]

Aufgrund der Alterstruktur, der ethnischen Zusammensetzung und des sozialen Status der im gürtelnahen Bereich lebenden Bevölkerung Ottakrings kann angenommen werden, dass in diesem Gebiet eine hohe gesundheitliche Belastungssituation gegeben ist. Um diese Information empirisch weiter zu untersuchen, wurden strukturierte Stadtteilbegehungen in

[8] GL = Geburtsländer

auffallenden Gebieten und ExpertInneninterviews mit VertreterInnen von Trägerorganisationen in Ottakring durchgeführt (siehe Kapitel 4).

Neben sozioökonomischen und soziodemographischen Faktoren beeinflussen Belastungen aus Lebens- und Wohnbedingungen sowie aus Arbeitsbedingungen die Gesundheit der Bevölkerung.

3.2.2 Belastungen aus Lebens- und Wohnbedingungen

Im 19. Jahrhundert hatte die Industrialisierung auch für Ottakring Auswirkungen. Zahlreiche Fabriken und Firmen wurden gegründet, wie z.B. die Ottakringer Brauerei im Jahr 1837. Das hatte zur Folge, dass rasch günstiger Wohnraum für die aus den Kronländern Österreich-Ungarns zugezogenen IndustriearbeiterInnen erschlossen werden musste. Diese gründerzeitliche Bausubstanz ist auch heute noch im gürtelnahen Bereich Ottakrings vorherrschend und teilweise sanierungsbedürftig (Stadt Wien 2010a, S. 76).

In einigen Gebieten des Ottakringer Bezirkes lässt sich ein überdurchschnittlich hoher Anteil an Substandardwohnungen feststellen. Er betrug im Jahr 2001 in manchen Zählbezirken mehr als 20%.

Abbildung 18: Substandardwohnungen in Wien

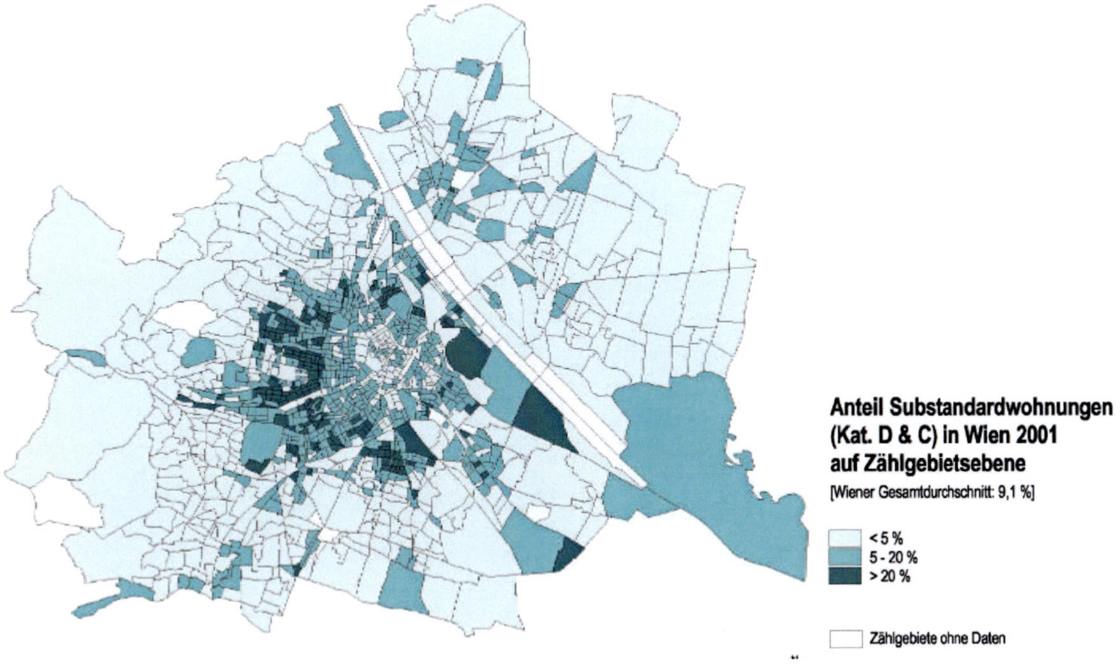

Quelle: Eigene Darstellung (Stadt Wien MA 18 Stadtentwicklung und Stadtplanung 2006)

Ein überdurchschnittlich hoher Anteil an Substandardwohnungen befindet sich im Gebiet südlich der Koppstraße, östlich der Kreitnergasse und westlich der Haberlgasse. Die in der Gründerzeit (1850-1914) errichteten Wohnhäuser bieten im Gegensatz zu Gemeindebauten kaum Außenflächen (Balkone) und verfügen nur selten über nutzbare Innenhöfe. Die Freiraumstruktur in diesem Gebiet ist sowohl in den Wohnhäusern als auch im öffentlichen Raum eingeschränkt. Der sozioökonomische Status der Bevölkerung liegt hier unter dem Durchschnitt (Stadt Wien 2010a, S. 75-78).

In einer Befragung der Ottakringer Bevölkerung zu Lebens- und Wohnbedingungen geben 35% der Befragten an, eine „schlechte" Versorgung und 45% eine „mittlere" Versorgung mit Ruhe- und Erholungsbereichen in ihrem Wohnviertel zu haben. Besonders Menschen über 60 Jahren beurteilen die Versorgung mehrheitlich (44%) als „schlecht". Die Versorgung mit Bewegungs- und Sportangeboten wird besonders von unter-20-Jährigen vorwiegend als „schlecht" bewertet. Allgemein sehen Ottakringerinnen und Ottakringer drei Aspekte als Hauptbelastung im öffentlichen Raum: Die geringe Anzahl an „Grünflächen und Bäumen", wenig „Sauberkeit" und mangelnde „Sicherheit" (Stadt Wien MA 18 Stadtentwicklung und Stadtplanung 2008, S. 17). Aus der Sozialraumanalyse der Jugendzone 16 geht hervor, dass die Lebenssituation von Kindern und Jugendlichen besonders von drei Faktoren belastet ist: der Wohnsituation, der finanziellen Situation sowie der Situation der Jugendlichen am Arbeitsmarkt (Holzhacker 2010, S. 37-39).

Sowohl die Befragung zur Lebensqualität in Wien als auch Messungen des Lebenszufriedenheitsindexes ergaben für Ottakring Ergebnisse unter dem Wiener Durchschnitt. Auch der Anteil der OttakringerInnen, die mit ihrer Wohnsituation weniger zufrieden sind, ist mit 30% überdurchschnittlich hoch (Stadt Wien 2009). Das Sicherheitsgefühl der WienerInnen in Bezug auf Kriminaldelikte liegt in allen gürtelnahen Gebieten unter dem Durchschnitt (Stadt Wien 2009). Die Angst der OttakringerInnen vor Delikten wie Überfällen, Autodiebstählen und Wohnungseinbrüchen ist überdurchschnittlich hoch (Stadt Wien 2009).

Die Parks in Ottakring sind wichtige Sozialräume für Kinder und Jugendliche, aber auch für ältere Menschen. Aufgrund der intensiven Nutzung durch unterschiedliche Gruppen treffen verschiedene, oft gegensätzliche, Bedürfnisse auf engem Raum aufeinander, wodurch ein hohes Konfliktpotenzial gegeben ist. Dadurch kann es auch zur Verdrängung bestimmter Gruppen kommen. 75% der im Rahmen der Sozialraumanalyse der Jugendzone 16 befragten Jugendlichen gaben an, Parks wegen der Konflikte in diesen Parks oder wegen bestimmter Gruppen, die sich dort aufhalten, zu meiden. Bevorzugt werden Parks, in denen sich die eigenen Freunde, die eigenen Cliquen aufhalten (Holzhacker 2010, S. 15-19). ExpertInnen nehmen insbesondere bei Mädchen eine Verdrängung aus den Parks wahr (Novy et al. 2009, S. 24).
Eine besondere Belastung stellen für Jugendliche die Arbeitsmarktsituation und die damit verbundenen Zukunftssorgen dar. Die Sozialraumanalyse der Jugendzone 16 nennt dabei u.a.

die Schwierigkeit, eine geeignete Lehrstelle bzw. überhaupt Zugang zum Arbeitsmarkt zu finden sowie prekäre Beschäftigungssituationen von Jugendlichen. Beengte finanzielle Verhältnisse von Familien prägen das Lebensgefühl der in ihr lebenden Kinder und Jugendlichen wesentlich. Sie erleben ihre Benachteiligung in Bezug auf ihr Konsumverhalten, wo sie nicht mit anderen Jugendlichen mithalten können, auf ihre Wohnsituation und auch im Hinblick auf ihre Zukunftschancen als Einschränkung. Für junge Menschen mit Migrationshintergrund kann das Leben zwischen zwei Kulturen als belastend erlebt werden (Holzhacker 2010, S. 37-39).

3.2.3 Belastungen aus Arbeitsbedingungen

Die Befragungsergebnisse des European Survey on Working Conditions (ESWC) zeigen, dass physische Belastungsfaktoren wie Vibrationen, Lärm, Staub und Abgase ebenso wie ergonomische Belastungsfaktoren, die sich direkt auf das physische Wohlbefinden der Beschäftigten niederschlagen (können), in Österreich weit verbreitet sind. Schichtarbeit, Nachtarbeit und lange Arbeitszeiten sind ebenfalls gesundheitlich belastend. In Österreich sind davon ca 15% der Beschäftigten betroffen. Damit in enger Verbindung steht die Belastung durch die schwierige Vereinbarkeit von Beruf und Familie. Gesundheitliche Belastungen können sich auch aus der Gestaltung der Arbeitsabläufe ergeben. Im European Survey werden Indikatoren sowohl zur Arbeitsintensität wie auch zur Abwechslung der Arbeitsabläufe erfasst. Wie auch in anderen EU-Ländern ist in Österreich der Arbeitsalltag von hohem zeitlichen Druck und hohem Arbeitstempo geprägt. 40% der in Österreich Befragten gab an, keinen Einfluss auf Arbeitsabläufe und Arbeitsmethoden, also wenig Handlungsspielraum, bei der Gestaltung ihres Arbeitsalltags zu haben. Belastungen durch Eintönigkeit des Arbeitsalltags liegen in Österreich mit 28% unter dem EU-Durchschnitt (Biffl und Leoni 2008, S. 12-18).

Arbeitsbedingte Belastungen können auch Beeinträchtigungen in der erwerbsarbeitsfreien Zeit der Beschäftigten nach sich ziehen, z.B. durch einen höheren Bedarf an Regenerationszeiten oder auch durch Schwierigkeiten damit, sich von der Arbeit distanzieren und „abschalten“ zu können.

Gesundheitliche Beschwerden als Konsequenz von Arbeitsbelastungen sind meist auf eine Kombination von Belastungsfaktoren zurückzuführen und entstehen manchmal erst in Verbindung mit außerberuflichen Belastungen und mangelnden Erholungsmöglichkeiten.

Gesundheitsbelastungen können auch an der Schnittstelle zwischen Erwerbsarbeit und außerberuflichem Leben entstehen. Betreuungspflichten in der Familie (Kinderbetreuung oder Pflege von Familienangehörigen), die Gestaltung der Familienbeziehungen und der Partnerbeziehung und die Teilnahme am kulturellen und sozialen Leben müssen mit den beruflichen Anforderungen in Balance gebracht werden. Unvorhersehbare Arbeitszeiten stellen dabei eine besondere Belastung dar. Auch Schicht- und Nachtarbeit oder Wochenendarbeit können zu hohem außerberuflichen Zeitdruck führen (Bauer et al. 2004, S. 167-186).

Schichtarbeit hat gesundheitliche Folgen wie Schlafstörungen, psychovegetative Erkrankungen, Bluthochdruck und Herz-Kreislauferkrankungen, aber auch psychosoziale Auswirkungen wie Beeinträchtigungen des sozialen Lebens, der Freizeitgestaltung und der Beteiligung am öffentlichen Leben (Janßen und Nachreiner 2004, S. 18).

Zur Arbeitssituation und zu den Arbeitsbedingungen der BewohnerInnen Ottakrings konnten weder aus der Literatur noch aus den Interviews Informationen gewonnen werden. Die gesundheitsfördernden Maßnahmen im Projekt Gesundes Ottakring setzen im kommunalen Setting an. Die Arbeitsbedingungen können durch Projektmaßnahmen nicht beeinflusst werden. Die Betroffenheit der Bevölkerung Ottakrings auch durch Belastungen aus dem Arbeitsbereich wird aber bei der Planung und Umsetzung der gesundheitsfördernden Aktivitäten mitbedacht und berücksichtigt.

Dem Modell zur Erklärung sozialer und gesundheitlicher Ungleichheiten von Andreas Mielck folgend beeinflussen Art und Umfang sowie Zugänglichkeit von Versorgungsstrukturen die Gesundheit. Im folgenden Kapitel werden die Entscheidungs- und Versorgungsstrukturen in Wien beschrieben und die Bedeutung der Strukturen der Gesundheitsversorgung als Ansatzpunkt für Gesundheitsförderung beschrieben.

3.3 Entscheidungs- und Versorgungsstrukturen

3.3.1 Entscheidungsstrukturen

Die Stadt Wien weist eine dezentralisierte Entscheidungsstruktur auf. Der Wiener Gemeinderat ist das oberste Entscheidungsgremium der Stadt, er wird direkt von der Bevölkerung gewählt. Seit Jänner 1998 sind zahlreiche Aufgaben in die Zuständigkeit der Bezirke übergegangen. Die Bezirksvertretung, deren Vorsitzende/r der/die Bezirksvorsteher/in ist, wird von der Bezirksbevölkerung direkt gewählt. Der Bezirk verfügt über eigene Budgetmittel für den Sachaufwand der ihm übertragenen Aufgaben.
In budgetärer Eigenverantwortung der Bezirke liegen z.B. (laut § 103 Absatz 1 der Wiener Stadtverfassung) folgende Aufgaben:

- Kindergärten (Kindertagesheime) und Schulen
- Grünanlagen und Kinderspielplätze
- Pensionistenklubs/Seniorentreffs
- Außerschulische Kinder- und Jugendbetreuung
- Kulturbereich

Ein weiteres Prinzip der Dezentralisierung ist das der Information. Die Bezirksorgane werden über alle Vorhaben der Verwaltung möglichst früh informiert, um gewünschte Veränderungen einbringen zu können.

Zur Bewältigung der Aufgaben wurden 1998 in den Bezirken *Ausschüsse* eingerichtet:

- Der Finanzausschuss entscheidet über bestimmte Vorhaben und alle Vergaben, die dem Bezirk zukommen.
- Der Bauausschuss berät den Flächenwidmungs- und Bebauungsplan vor und genehmigt geringfügige Abweichungen von den Bebauungsbestimmungen bei Bauvorhaben im Bezirk.
- Der Umweltausschuss berät Umweltangelegenheiten vor und wirkt bei der Grünraumgestaltung, bei Ersatzpflanzungen, bei Rodungen und im Bereich der Straßenreinigung und Müllabfuhr mit.

Zur Vorberatung bestimmter bezirksrelevanter Fragen können die Bezirke *Kommissionen* der Bezirksvertretung einsetzen[9] (z.B. Bezirksentwicklungskommission, Kulturkommission, Sozialkommission, Verkehrskommission, Zivil- und Katastrophenschutzkommission).

Die Bezirksvertretung Ottakring besteht 2011 aus 58 BezirksrätInnen, davon eine Jugendbeauftragte, eine Seniorenbeauftragte und ein Drogenbeauftragter.

Es sind folgende Kommissionen eingesetzt: Entwicklungskommission der Bezirksvertretung, Kulturkommission der Bezirksvertretung, Verkehrskommission der Bezirksvertretung, Kommission für Allgemeine Angelegenheiten der Bezirksvertretung und Kleingarten-kommission der Bezirksvertretung.

3.3.2 Versorgungsstrukturen

In Österreich sind Leistungen der Sozialversicherung (Leistungen der Unfall-, Kranken- und Pensionsversicherung) Bundeskompetenz, in Verantwortung der Länder liegen die Leistungen der stationären Gesundheitseinrichtungen, der Kinder- und Jugendwohlfahrt, des Landespflegegeld, der Behindertenhilfe, der Wohnversorgung und Wohnungslosenhilfe, ambulante bzw. mobile und stationäre Pflege und Betreuung sowie Leistungen der Sozialhilfe. Diese Sozial- und Gesundheitsleistungen sind durch Landesgesetze geregelt.

[9] http://www.wien.gv.at/bezirke/dezentralisierung/zustaendigkeiten.html Stand 20.06.2011

Abbildung 19: Das österreichische Sozialsystem

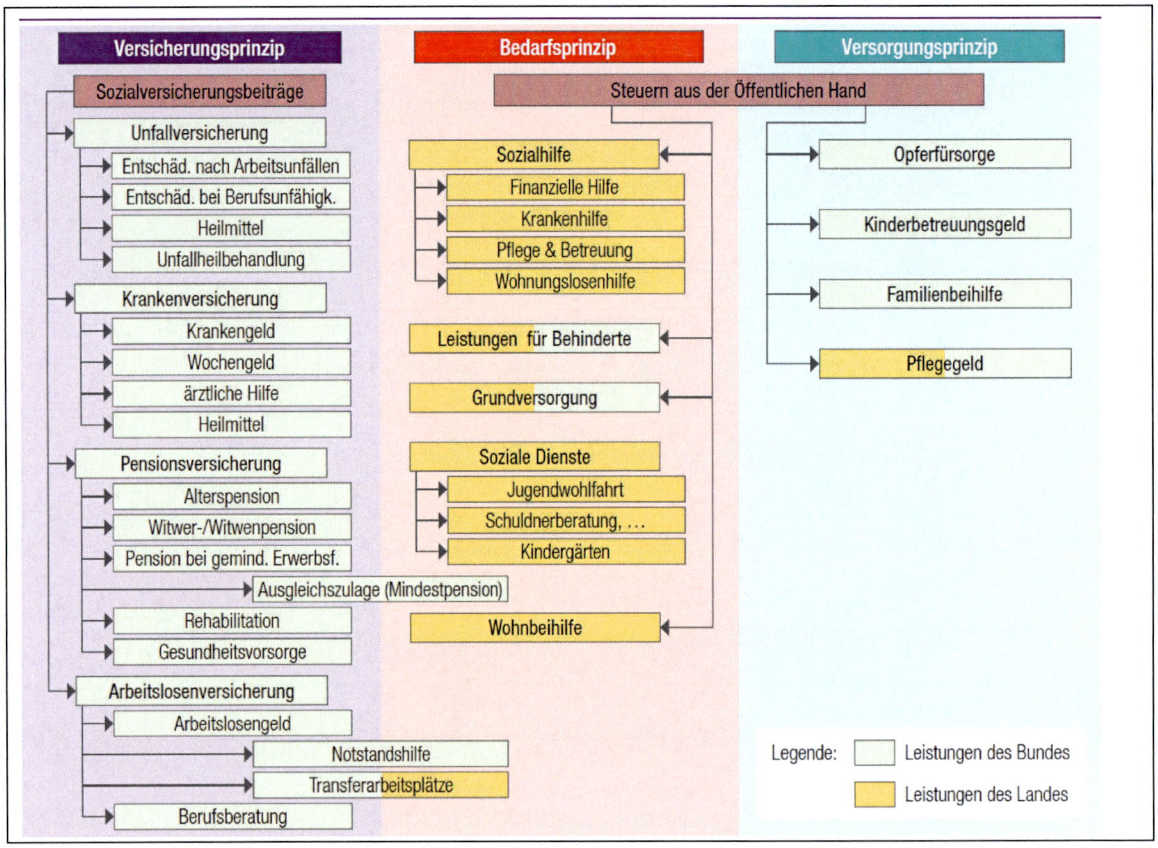

Quelle: (Stanzl und Guld 2010)

In Wien sind Gesundheits- und Sozialdienstleistungen überwiegend in der Geschäftsgruppe Gesundheit und Soziales angesiedelt.[10] Auf Grundlage der strategischen Arbeiten in den Fachbereichen werden die Einzelleistungen für die Menschen in Wien unter anderem von folgenden Einrichtungen bereitgestellt:

- Magistratsabteilung 15 – Gesundheitsdienst der Stadt Wien
- Magistratsabteilung 40 – Soziales, Sozial- und Gesundheitsrecht
- Magistratsabteilung 24 – Gesundheits- und Sozialplanung
- Magistratsabteilung 70 – Rettungs- und Krankenbeförderungsdienst der Stadt Wien

Unternehmungen der Stadt Wien

- Wiener Krankenanstaltenverbund

Fonds der Stadt Wien nach dem Stiftungs- und Fondsgesetz

- Fonds Soziales Wien
- Kuratorium Wiener Pensionisten-Wohnhäuser
- Kuratorium für Psychosoziale Dienste

[10] Die Organisation der Wiener Stadtverwaltung http://www.wu.ac.at/programs/bachelor/wire/internship/Gemeinde_Wien_Organigramm-2010.pdf Stand 16.11.2011

Gemeinnützige Gesellschaften der Stadt Wien

- Wiener Gesundheitsförderung gemeinnützige Ges.mbH
- ELGA GmbH

Sonstige Organisationen

- Sucht- und Drogenkoordination Wien

Der Geschäftsgruppe Bildung, Jugend, Information und Sport unterstehen u.a.

- Magistratsabteilung 10 – die Wiener Kindergärten
- Magistratsabteilung 56 – die Wiener Schulen
- Magistratsabteilung 11 – Amt für Jugend und Familie
- Magistratsabteilung 13 – Bildung und außerschulische Jugendbetreuung

Bei der Geschäftsgruppe „Stadtentwicklung, Verkehr, Klimaschutz, Energieplanung und BürgerInnenbeteiligung" ist die Lokale Agenda 21 angesiedelt. Ziel der Lokalen Agenda 21 ist die Förderung der nachhaltigen Bezirks- und Stadtentwicklung durch Projekte auf Bezirksebene. Die Etablierung der Lokalen Agenda 21 erfolgte in Wien mit dem Pilotprojekt „Lokale Agenda 21 Alsergrund". 2002 wurde im Wiener Gemeinderat die Ausweitung der Lokalen Agenda 21 durch ein gesamtstädtisches Organisationsmodell auf andere Bezirke beschlossen. Die Umsetzung der Projekte ist dezentral, d.h. auf Bezirksebene. (Ehrenstrasser 2006, S. 23-37). Derzeit werden in sechs anderen Bezirken in Wien Projekte umgesetzt, in drei Bezirken ist der Prozess bereits abgeschlossen. Partizipation, Einbindung aller relevanten AkteurInnen, der VertreterInnen der Bezirks- und Stadtpolitik sowie von Wirtschaft und Wissenschaft und die Mitgestaltung durch BewohnerInnen des Bezirks sind grundlegende Elemente des Prozesses.

3.3.3 Gesundheitsversorgung

Die physischen und sozialen Umwelten von Menschen sind dem Determinantenmodell von Dahlgren & Whitehead (1991) folgend wichtige Einflussfaktoren von Gesundheit, die veränderbar sind. Sie bieten wesentliche Ansatzpunkte für Gesundheitsförderung.
Daher stand am Beginn des Projekts eine genaue Analyse der Angebotstrukturen der Gesundheitsversorgung in Ottakring. Als Quellen dazu wurden Publikationen der Stadt Wien wie z.B. das Statistische Jahrbuch der Stadt Wien, die sozialinfo.wien.at-Site und auch die Internetauftritte der jeweiligen Organisationen herangezogen. In den Kooperationsgesprächen mit Trägern von psychosozialen und kulturellen Angeboten in Ottakring sowie mit RepräsentantInnen aus der Bezirkspolitik wurde die Analyse vervollständigt.
Im Anhang ist eine detaillierte Darstellung der Versorgungsstrukturen in Ottakring zu finden (siehe Kapitel 8.2).
Die Innen- und Außenwahrnehmung eines Bezirks ist oft unterschiedlich. Im folgenden Kapitel wird beschrieben, wie Ottakring von den BewohnerInnen anderer Bezirke wahrgenommen wird.

3.4 Außenwirkung des Bezirks

Im Zuge einer Befragung zum Image der Wiener Bezirke bei 113 Wienerinnen und Wienern schreiben 15% der Befragten dem 16. Bezirk einen „schlechten Ruf" zu. Damit liegt Ottakring nach dem 10. und 15. Bezirk an dritter Stelle. Im Gegensatz dazu bewerten 0% der Befragten den 16. Bezirk mit einem „gutem Ruf" (Fröschl 2010). Angaben zum Image Ottakrings können aus der Frage „In welchem Bezirk gibt es Ihrer Meinung nach..." abgeleitet werden. Neben einer hohen Anzahl an Nennungen unter der Kategorie „Menschen unterschiedlicher Kulturen" geben über 30% der Befragten an, im 16. Bezirk eine „hohe Kriminalität", „günstige Wohnungen" und „schmutzige Straßen" zu erkennen. Eine geringe Anzahl an Nennungen konnte in Ottakring für die Kategorien „wohlhabende Menschen", „beliebte Fortgehviertel", „schöne Häuser" und „reichhaltiges Kulturangebot" festgestellt werden (Fröschl 2010). Die Ergebnisse für Ottakring werden in der nachstehenden Grafik dargestellt:

Abbildung 20: Außenwirkung von Ottakring

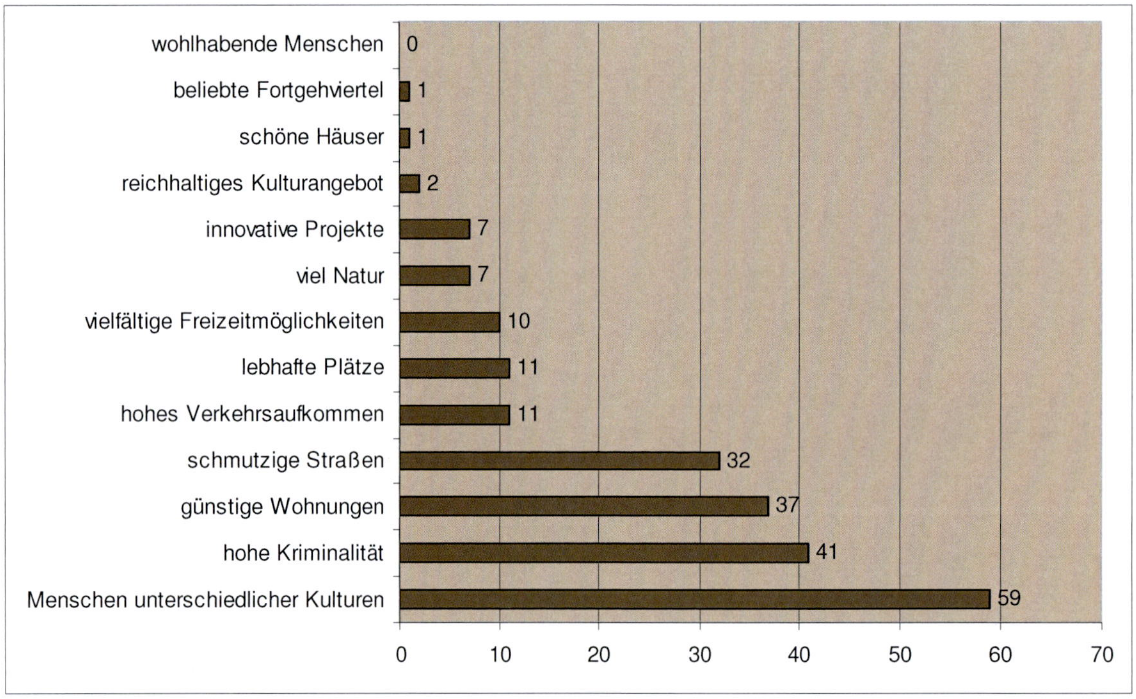

Quelle: eigene Darstellung in Anlehnung an (Fröschl 2010, S. 86)

Die Außenwahrnehmung, dass es sich bei Ottakring um einen Bezirk mit hoher Kriminalität handelt, kann laut Daten der Kriminalstatistik der Stadt Wien nicht belegt werden[11]. Im Jahr 2007 wurden 10.164 strafbaren Handlungen in Ottakring gemeldet, während es im Jahr 2008 nur noch 9.588 waren (z.B. im 10. Bezirk waren es 2008 19.216). Das ist ein Rückgang von 5,7%. Von diesen 9.588 Delikten, die von der Bundespolizeidirektion erfasst wurden, entfielen über 7.000 strafbare Handlungen auf die Kategorie „fremdes Vermögen" und über 1.000 auf die Kategorie „Leib und Leben", welche die zwei häufigsten Deliktformen darstellen.[12]

[11] http://www.wien.gv.at/statistik/daten/rtf/kriminalstatistik-jahre-bezirke.rtf Stand 16.11.2011
[12] http://www.wien.gv.at/statistik/daten/rtf/kriminalstatistik.rtf Stand 16.11.2011

4 EINFLUSSFAKTOREN AUF DIE GESUNDHEIT – ERGEBNISSE AUS DEN QUALITATIVEN ERHEBUNGEN

Im Kapitel 4 werden die Ergebnisse der empirischen Untersuchungen dargestellt. Entsprechend den drei Säulen des Modells zur Erklärung gesundheitlicher Ungleichheiten nach Andreas Mielck, (1) Gesundheitliche Belastungen, (2) Bewältigungsressourcen und Erholungsmöglichkeiten und (3) Gesundheitliche Versorgung wurden durch Strukturierte Stadtteilbegehungen, Interviews mit ExpertInnen aus Ottakring und Gespräche mit VertreterInnen von Einrichtungen für die Zielgruppen von Gesundes Ottakring Einflussfaktoren auf die Gesundheit der Ottakringer Bevölkerung identifiziert.

4.1 Grenzen, Zentrum, BewohnerInnenstruktur Ottakrings

Das folgende Kapitel zeigt Ottakring aus Sicht der InterviewpartnerInnen: welche Orte von ihnen als Zentrum erlebt werden, ob und wie sie die Grenzen ihres Bezirks bemerken und ob ihnen in den letzten 10 Jahren Veränderungen in der Bevölkerungsstruktur aufgefallen sind.

4.1.1 Hat Ottakring ein Zentrum?

Im Rahmen der Interviews unterscheiden die ExpertInnen zwischen natürlichen (historisch gewachsenen) und künstlichen (städtebaulich geplanten) Zentren: *„Am Yppenplatz und in der Brunnengasse entsteht er* [der Freiraum] *tatsächlich aus historisch bedingtem Stadtwachstum, [...] der Markt ist dort und dadurch gibt es dort diese Zentrumsachse. Bei der U3 ist es ein bisschen eine künstliche Situation, die künstlich so als zweites Bezirkszentrum hochgehalten wird."* (I.1: 76-79) Außerdem wird zwischen temporären (für einen bestimmten Zeitraum fixierten) und permanenten (über das ganze Jahr anerkannten) Zentren differenziert. *„Naja es sind so Momente, also der Ottakringer Kirtag. Es tut sich so bei der U-Bahn schon auch immer was, dann Yppenplatz natürlich, [...] oder Europatag, der Kongresspark, wenn da so Festl stattfinden, oder in den Bädern, Kongressbad und Ottakringer Bad"* (I.2: 158-163).

Ottakring ist kein Bezirk, wo sich alles um „ein" Zentrum organisiert. InterviewpartnerInnen nennen sechs Orte bzw. Plätze, die als Zentrum oder Zentren gesehen werden. Die folgende Abbildung 21 zeigt diese sechs Orte.

Abbildung 21: Die Zentren in Ottakring

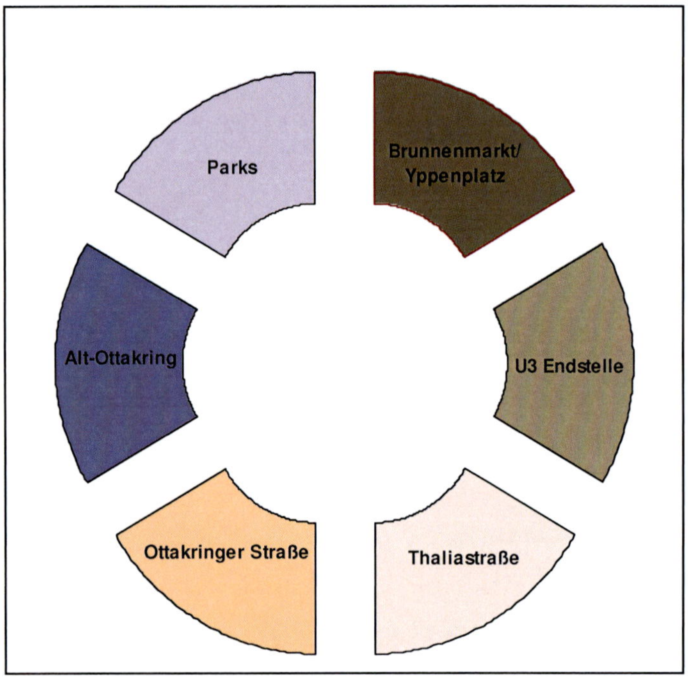

Quelle: eigene Darstellung

Brunnenmarkt und Yppenplatz

Am häufigsten als Zentrum genannt wird die Gegend um den Brunnenmarkt und Yppenplatz, die von einer Interviewpartnerin als „pulsierende Lebensader" oder von einer anderen als „spannende Gegend" bezeichnet wird. Laut Bezirksvorstehung besuchen 59.000 Menschen wöchentlich dieses Gebiet. Märkte sind auch soziale Zentren. Der Brunnenmarkt ist dafür ein besonderes Beispiel. Die Gestaltung als Fußgängerzone ermöglicht viel Raum für soziales Leben und Kommunikation. *„Es gibt die Achse des Brunnenmarkts, die auch deshalb wichtig ist, weil sie eine Fußgängerzone ist und nicht verkehrdominiert ist."* (I.1: 70-72). An den Brunnenmarkt schließt der Yppenplatz an, der in den letzten Jahren einen Prozess der Aufwertung erfahren durfte und seither große Beliebtheit erlangt hat. Von den InterviewpartnerInnen wird er als „höherschwellig" eingeschätzt, da auch Menschen mit einem höheren Bildungsgrad dort wohnen wollen: „[...] *Yppenplatz natürlich, der ist ja sogar ein bisschen höherschwellig würde ich sagen. Dort gibts ja sogar so Künstlerwerkstätten, dort tut sich viel"* (I.2: 159-160). *„Ja ich denke, dass der Bezirk attraktiver geworden ist und dass vermehrt Leute hinziehen, die Bildung haben, die studiert haben oder noch studieren, die diesen Kreuzbergflair, also zumindest dieses Brunnenviertel schätzen*" (I8: 538-540). Der Yppenplatz wird von InterviewpartnerInnen als ein sehr lebendiger Ort beschrieben, der zentraler Treffpunkt für Jung und Alt ist. *„Die Jugendlichen, die dort spielen, genießen auch das ganze Flair von dem Markt und auch der Yppenplatz bietet auch viel Treffen, man weiß, man trifft dort immer Leute und man kann Fußballspielen und was weiß ich, ein bisschen am Markt schauen. So Kinder und Jugendliche schätzen das sehr"* (I.8: 521-528). Aus der Sicht der

Befragten ist der Yppenplatz etwas Einzigartiges, das es nicht in jedem Bezirk gibt. Er strahlt eine besondere Energie aus und lädt zum Entspannen ein. *„Ja, aber ich denke es ist schon diese Lebendigkeit, die einfach so Anziehungskraft hat, am Yppenplatz. Das ist einfach so ein bisschen so multi-kulti, [...] und irgendwie hat der eine eigene Energie, die sehr anziehend ist, also das finde ich sogar selber, jetzt im Sommer, wenn die Sonne scheint, dort zu sitzen, da hast du wirklich das Gefühl, du bist auf Urlaub. Ja der ist halt sexy ein bisschen“* (I.8: 506-512).

Abbildung 22: Brunnenmarkt und Yppenplatz

U3 Endstelle

Seit seiner Neugestaltung und Fertigstellung im Jahr 2000 stellt der Platz vor der U3 Endstelle Ottakring einen weiteren zentralen Punkt im Bezirk dar (Stadt Wien MA 18 Stadtentwicklung und Stadtplanung 2006, S. 59). Der Platz wird täglich von ca. 30.000 Menschen frequentiert. InterviewpartnerInnen sehen diesen Platz als einen wichtigen Freiraum, der für unterschiedlichste Zwecke genutzt werden kann. *„Bei der U3 Endstation wo es ja auch einen relativ großen Freiraum gibt, der ja unter der U-Bahn ist und teilweise auch vor dem Gebäude und vor der Schule, da wird auch so ein bisschen versucht, ein Zentrum zu schaffen“* (I.1: 74-76). Neben regelmäßig stattfindenden Märkten wird der Platz immer wieder mit Veranstaltungen aller Art bespielt und belebt. *„Ja jetzt seitdem die U-Bahn ist, ist es da oben der Platz bei der U3. Wo sehr viele Veranstaltungen sind, wo regelmäßig ein Markt ist, der immer steht. Flohmärkte werden dort abgehalten. Früher hatten wir keinen so großen Platz. Der Platz ist ideal, Feste werden dort abgehalten, der Maibaum wird dort aufgestellt und es ist immer Programm dort am Platz. Es ist ein immer bespielter Platz“* (I.7: 269-273). Darüber hinaus werden auch Bäder temporär, sprich vorwiegend in den Sommermonaten, als Zentren des Bezirks gesehen.

Thaliastraße und Ottakringer Straße

Neben den als Zentrum genannten Plätzen werden auch weiter gefasste Gebiete von InterviewpartnerInnen als Zentren von Ottakring gesehen. Befragte führen in diesem Zusammenhang zwei bedeutende Straßen an, die quer durch den Bezirk verlaufen und sehr wichtig in der öffentlichen Verkehrsanbindung und hinsichtlich der Einkaufsmöglichkeiten sind:

die Thaliastraße und die Ottakringer Straße. *„[...] es gibt natürlich auch noch die Thaliastraße, die eine wichtige Bezirksachse ist und die auch als Einkaufsstraße ganz gut funktioniert, und es gibt auch die Ottakringer Straße, wo auch ein wichtiges Projekt von uns ist, wo sich die Leute vermehrt draußen aufhalten, die jetzt auch erneuert und neu gestaltet wird“* (I.1: 83-87).

Abbildung 23: Thaliastraße

Alt-Ottakring, Parks

Ergänzend zu den Ergebnissen aus den Interviews konnten im Rahmen der Kooperationsgespräche mit AkteurInnen der Gesundheitsversorgung einige Aussagen zum Zentrum Ottakrings festgehalten werden. In diesem Zusammenhang wird der Platz vor dem ältesten Heurigen Wiens, der „10er-Marie“ und der Kirche Alt-Ottakring als kleines Dorfzentrum gesehen. In Bezug auf die Zielgruppe der Kinder und Jugendlichen werden besonders die Parks als zentrale Orte im Bezirk identifiziert. Die sozialen Gruppen in den Parks variieren. Der Stillfriedpark zum Beispiel wird eher von Gruppen aus dem ehemaligen Jugoslawien in Anspruch genommen, der Musilplatz wird eher von kleinen Kindern frequentiert. Ein weiterer Ort, der als Zentrum im Bezirk gesehen wird, weil dort Entscheidungen für den Bezirk getroffen werden, ist die Bezirksvorstehung am Richard-Wagner-Platz.

Abbildung 24: Alt-Ottakring Kirche und Platz davor, Bezirksamt

4.1.2 Wahrnehmung der Bezirksgrenzen

Die Wahrnehmung der Bezirksgrenzen hinüber in den 15. Bezirk wird von den BewohnerInnen – laut Einschätzung der InterviewpartnerInnen – deutlich wahrgenommen. Die Gablenzgasse gilt als klare und nicht zuletzt auch städtebaulich markante Grenze in den 15. Wiener Gemeindebezirk. *„Die Gablenzgasse ist wirklich eine städtebauliche Grenze dadurch, dass sie eine Einbahn darstellt und sogar den Charakter einer Bundesstraße hat d.h. über die drüber zu kommen, ist nicht so leicht. Die wird als Grenze sicherlich wahrgenommen"* (I.1: 96-99). Der 15. Bezirk wird gerne von den BewohnerInnen Ottakrings genutzt, vor allem werden die Lugnercity (Einkaufszentrum), der Vogelweidpark (durch seine Lage an der Bezirksgrenze zu Ottakring) und die Wiener Stadthalle genannt. Auch das Gebiet der Schmelz im 15. Bezirk wird als Erholungsraum von den OttakringerInnen genutzt.

Die Bezirksgrenzen zum 17. Bezirk werden als weniger markant beschrieben als jene zum 15. Bezirk. Das erklärt sich auch aus den „Zick-Zack Grenzen" zum 17. Bezirk, die auch städtebaulich nicht wahrgenommen werden, außer man wird dezidiert darauf hingewiesen. Ansonsten sind die Übergänge zum 17. Bezirk eher fließend. Es werden kaum Orte im 17. Bezirk strukturell, d.h. häufig, von den OttakringerInnen genutzt. *„...zum 17. gibt es weniger Berührungspunkte"* (I.2: 167).

4.1.3 Veränderung der BewohnerInnenstruktur

In qualitativen Interviews wurden VertreterInnen von Einrichtungen und Vereinen als ExpertInnen für Ottakring dazu befragt, ob und wie sich die BewohnerInnenstruktur in den letzten Jahren verändert habe. Von den interviewten Personen (zur Methode siehe Kapitel 3.1) gab eine zu bedenken, dass sich seit den 1950er Jahren viel verändert hätte, jedoch in den letzten zehn Jahren weniger Veränderungen in der BewohnerInnenstruktur zu beobachten gewesen wären (I.7). Durch das Erschließen von Wohnraum in unterschiedlichen Preissegmenten ist ein Zuzug von Menschen nach Ottakring festzustellen (I.1). Das erklärt sich auch durch die Renovierung des Brunnenviertels in Ottakring und einer damit einhergehenden gesteigerten Attraktivität und Aufwertung dieses Viertels. Im Hippviertel (Gürtelnähe) seien im Vergleich dazu weniger Veränderungen zu beobachten (I.1). Die Interviewten bemerken außerdem einen Zuzug von MigrantInnen nach Ottakring und nehmen den Bezirk als „migrantischen Bezirk" wahr (I.2, 4, 5, 7). *„Naja, was schon auffällig ist, ist dass Ottakring zum Einen ein migrantischer Bezirk ist, aber zum Anderen Leute ohne Migrationshintergrund auch hier wohnen wollen, weil besonders in der Brunnenmarktumgebung viel passiert." (I.5: 308-310)*

Ergänzend zur Sicht der ExpertInnen auf ihren Bezirk wurden vom Projektteam strukturierte Stadtteilbegehungen durchgeführt, um einen Einblick in das Lebensfeld der OttakringerInnen zu bekommen und um die Struktur des jeweiligen Stadtteils (Wohnanlagen, Grünflächen und

Freiräume, Freizeitgestaltungsmöglichkeiten, Bildungseinrichtungen und Verkehrsknotenpunkte) kennenzulernen.

4.2 Ergebnisse der strukturierten Stadtteilbegehungen

4.2.1 Routen und Rahmenbedingungen bei der Begehung

Die erste Stadtteilbegehung im Bezirk Ottakring fand an einem Nachmittag im Februar 2011, in den Zählbezirken 1602, 1610 und tw. 1603 statt. Zu diesem Zeitpunkt war es kalt, aber sonnig. Dieser Stadtteil in Ottakring, das Hippviertel, ist gekennzeichnet von einer hohen Kumulation von sozioökonomischen Belastungsfaktoren.

Abbildung 25: Route der 1. Stadtteilbegehung in Zählbezirken, eigene Darstellung

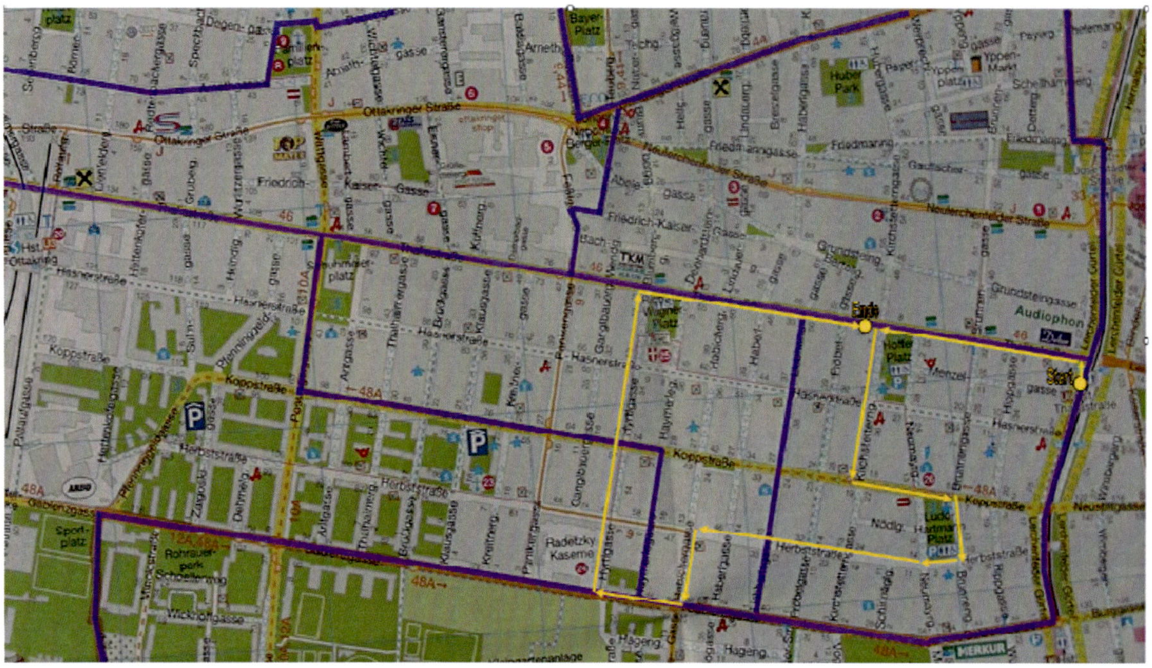

Die zweite Stadtteilbegehung fand im April 2011 am späten Nachmittag im Zählbezirk 1601 statt. Es war sonnig und teilweise bewölkt mit Temperaturen um die 20℃. In diesem Stadtteil befindet sich das bereits mehrfach erwähnte Brunnenviertel, das im Rahmen eines Projektes in den letzten Jahren eine Aufwertung erfahren hat.

Abbildung 26: Route der 2. Stadtteilbegehung in Zählbezirken, eigene Darstellung

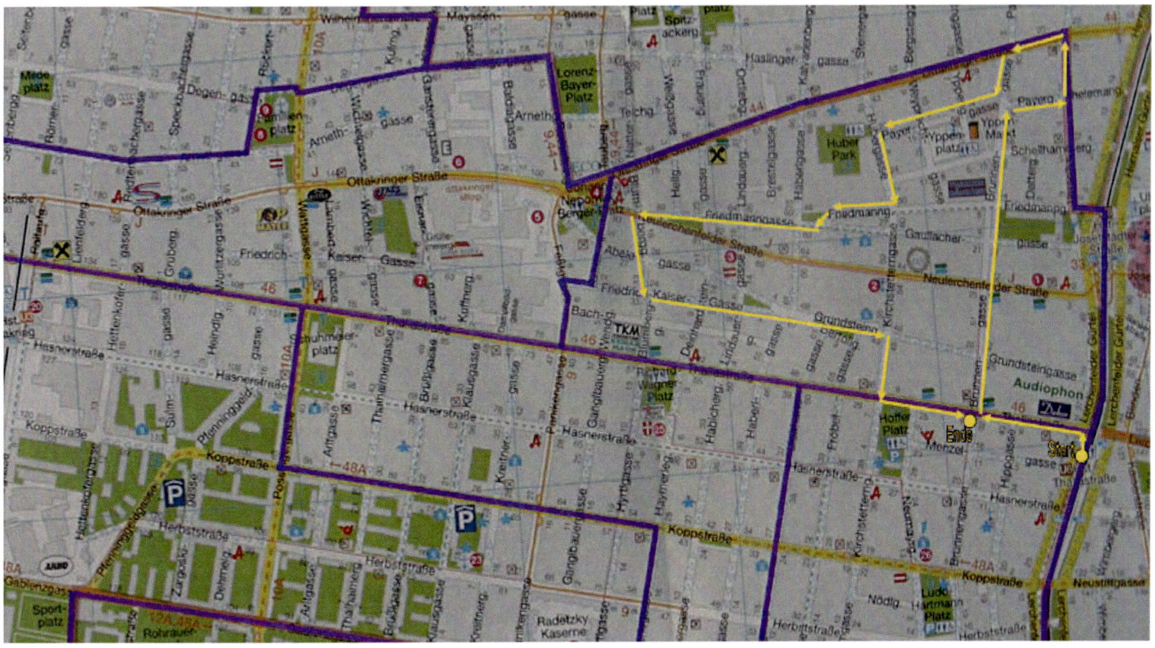

Die Begehung eines dritten Stadtteiles fand im Juni 2011 am frühen Abend in den Zählbezirken 1603 und 1607 statt. Das Wetter war sonnig, schwül und teilweise bewölkt, später regnete es stark, weshalb die Begehung nach etwa zwei Drittel der Route bei der Kirche Alt-Ottakring abgebrochen werden musste. Der Osten und Westen Ottakrings weisen klare Unterschiede in der sozialräumlichen und städtebaulichen Struktur auf, die in dieser dritten Begehung beobachtet werden sollten.

Abbildung 27: Route der 3. Stadtteilbegehung in Zählbezirken, eigene Darstellung

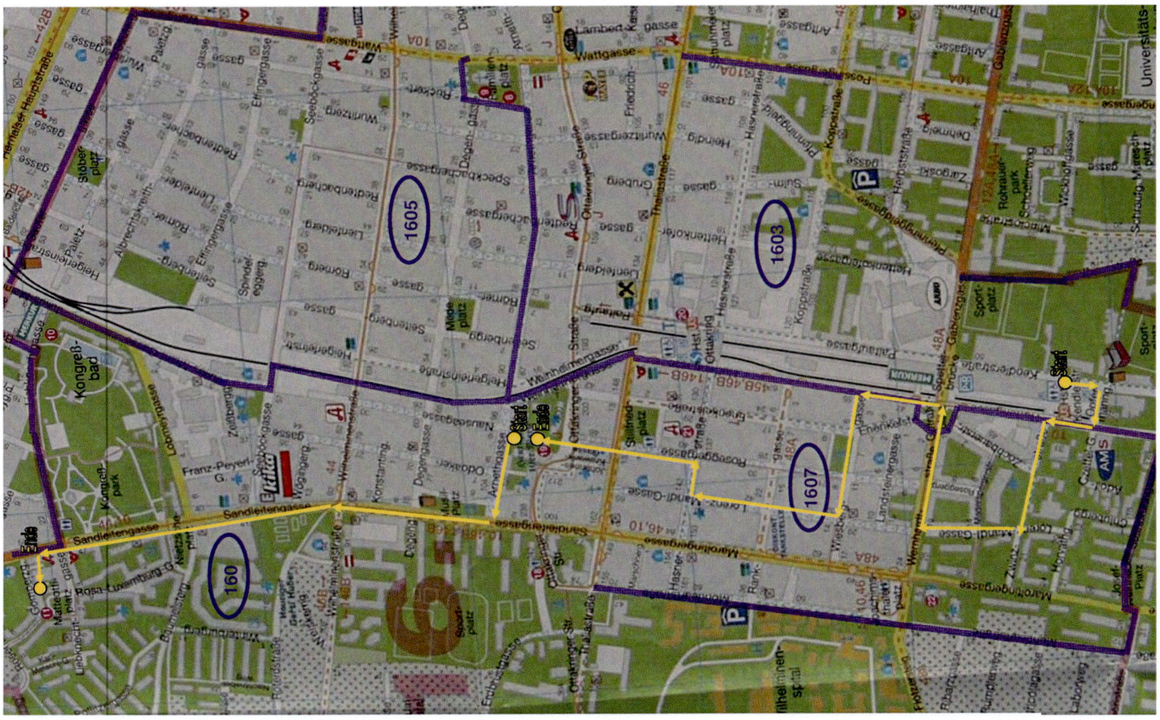

4.2.2 Erkenntnisse aus drei Stadtteilbegehungen

Ottakring ist ein Bezirk der Unterschiede. Die grünen und freien Flächen im Westen des Bezirkes sind ein starker Kontrast zu dem dicht bebauten Gebiet im Osten. Die gürtelnahen Grätzel sind von einer hohen Dichte der Bebauung, wenig Freiraum und wenig Grünflächen gekennzeichnet. Die Wohnhäuser aus der Gründerzeit haben einen hohen Anteil an Substandardwohnungen. Die meisten Wohnungen haben keine Außenflächen (Balkone). Es gibt wenig grüne Innenhöfe, die genutzt werden können. Im öffentlichen Raum stehen ebenfalls wenige Freiräume und Orte, wo Begegnungen stattfinden können, zur Verfügung. Es überwiegen Verkehrsflächen, die Straßen sind beidseitig eng verparkt. Es sind keine brachliegenden unbebauten Flächen als Potenzial für Grünräume oder gestaltbare Freiräume vorhanden. Die Zahl an Gemeindebauten in diesem Gebiet ist gering.

Abbildung 28: Innenhof Hyrtlgasse

Abbildung 29: Wohnhaus Hyrtlgasse

Im Gegensatz dazu ist der Westen Ottakrings bedeutend grüner und ruhiger. Auf den Straßen in den Wohngebieten ist weniger Verkehrsaufkommen. Grünflächen zwischen den Häusern bieten Möglichkeit zum Spielen und zum sozialen Austausch.

Abbildung 30: Innenhof Lorenz-Mandl-G.

Abbildung 31: Wohnhaus Zwinzstraße

In den Wohnhausanlagen gibt es begrünte Innenhöfe, die genützt werden können, viele Wohnungen haben begrünte Balkone oder Terrassen. Der Anteil an Gemeindebauten ist deutlich höher. Die Nutzung der Innenhöfe der Gemeindebauten ist aber teilweise durch

Verbote (Radfahren, Rollerbladen, Skateboarden, Ballspielen) eingeschränkt und auch abhängig davon, ob und wie sich die MieterInnen über die Form der Nutzung und die Berücksichtigung der unterschiedlichen Interessen der BewohnerInnen einigen können.

Die soziale Infrastruktur Ottakrings (Bildungseinrichtungen, kulturelle Angebote, Einrichtungen für Gesundheits- und Sozialdienstleistungen, Einkaufsmöglichkeiten, Apotheken, etc.) ist sehr gut entwickelt. Aber auch hier sind Unterschiede zwischen dem Westen und dem Osten Ottakrings zu beobachten, in den gürtelnahen Gebieten gibt es z.B. weniger Supermärkte und Einkaufsmöglichkeiten für den täglichen Bedarf in unmittelbarer Wohnnähe. Im Gegensatz zu den gürtelnahen Grätzeln gibt es im westlichen Teil Ottakrings wenig leerstehende ungenützte Lokale im Erdgeschoss.

Im folgenden Kapitel wird die Sicht von VertreterInnen von Einrichtungen in Ottakring auf die gesundheitliche und soziale Situation ihrer Zielgruppen und auf die Versorgungsstruktur im Bezirk beschrieben.

4.3 Gesundheitsversorgung – Ergebnisse aus den Kooperationsgesprächen

Gesundheitsfördernde Aktivitäten sollen im Projekt „Gesundes Ottakring“ im unmittelbaren Lebensumfeld der Menschen angeboten und an bestehende Strukturen angeknüpft werden. Basierend auf einer Recherche der Angebotsstrukturen in Ottakring wurden Kooperationsgespräche mit über 20 Einrichtungen im Bezirk geführt. Dabei wurde nach folgender Hierarchie vorgegangen:

- Bezirksvorstehung
- Magistratsabteilungen, die Gesundheits- und Sozialleistungen anbieten
- Unternehmungen der Stadt Wien (Krankenanstaltenverbund, Wiener Wohnen)
- Fonds der Stadt Wien (Fonds Soziales Wien, Kuratorium Wiener Pensionistenwohnhäuser, Kuratorium für Psychosoziale Dienste in Wien)
- Sonstige Organisationen

Der zentrale Fokus der Gespräche lag auf der gesundheitlichen und sozialen Situation der jeweiligen Zielgruppen sowie auf möglichen Ansatzpunkten für eine Zusammenarbeit mit dem Projekt „Gesundes Ottakring“.

Im Rahmen der geführten Kooperationsgespräche konnten folgende Erkenntnisse für die Gesundheitsversorgung in Ottakring gewonnen werden:

Viele Einrichtungen und Organisationen im Bezirk haben gesundheitsfördernde Aktivitäten in ihre Angebote integriert (wie z.B. gemeinsam gesund kochen, gesunde Jause, Gesundheitsberatung,...). Die Angebote sind zielgruppenorientiert und setzen an der Lebenswelt und der Bedarfssituation der Menschen an. Es gibt sowohl im Bereich Ernährung als auch in den Bereichen Bewegung und seelische Gesundheit zahlreiche Anknüpfungspunkte für gesundheitsfördernde Maßnahmen. Zum Thema Integration werden in Ottakring sowohl von der Bezirksvorstehung als auch von den Einrichtungen und Organisationen zahlreiche Aktivitäten organisiert und durchgeführt. Es bestehen teilweise große Vorbehalte zwischen den verschiedenen Bevölkerungsgruppen und unterschiedlichen Generationen. Integrationsfördernde Maßnahmen im Bezirk setzen an Begegnungen der Menschen auf einer persönlichen und individuellen Ebene an, um eine Annäherung und den Abbau von gegenseitigen Vorurteilen zu erreichen.

Es besteht eine gute Vernetzung im Rahmen des Forum 16 zwischen den Bereichen Jugendarbeit, Bildung, Kultur, Gesundheit und Soziales im Bezirk. Die Institutionen, Vereine und Einrichtungen nützen die regelmäßigen Treffen für eine aktive Zusammenarbeit. Ottakring hat auch ein Kinderparlament. Die Kinder vertreten damit ihre Wünsche in der Bezirksvorstehung.

Zur gesundheitlichen und sozialen Situation der Menschen in Ottakring werden von den GesprächspartnerInnen folgende Aussagen getroffen:

Der Umgang mit der eigenen Gesundheit ist abhängig von der sozioökonomischen Situation der Familien. Sozial benachteiligte Menschen leben in prekären Lebensverhältnissen, in denen die Deckung der Basisbedürfnisse im Mittelpunkt steht. Als Problembereiche im Umgang mit der eigenen Gesundheit bei Jugendlichen werden Rauchen, Konsum von Energy Drinks und Anabolika, Essstörungen, Spielsucht und andere Suchtproblematiken genannt. Es ist schwierig, Jugendliche für die eigene Gesundheit zu interessieren. Projekte, die für Jugendliche einen Zugang zum Thema Gesundheit schaffen, stoßen bei den KooperationspartnerInnen auf großes Interesse.

Gesundheitsvorsorge für ältere MigrantInnen wird als wichtiges Thema im Bezirk eingeschätzt. Armut und die schwierige soziale Lage dieser Bevölkerungsgruppe wirken sich auf ihre Gesundheit aus. Ältere MigrantInnen hätten einen hohen Bedarf an Versorgungsleistungen, allerdings ist ihr Zugang zur Versorgung schlecht. Eine muttersprachliche Vortragsreihe wurde nur wenig angenommen, andere, niederschwellige Zugangswege müssen entwickelt werden.

In den Kooperationsgesprächen zeigte sich eine hohe Bereitschaft, mit dem Projekt Gesundes Ottakring zusammenzuarbeiten und die Möglichkeiten des Projekts zu nützen.

Wesentliche Einflussfaktoren für die Gesundheit der Bevölkerung sind nach Andreas Mielck (2000) gesundheitliche Belastungen aus Lebens- und Wohnbedingungen.

4.4 Gesundheitliche Belastungen aus Lebens- und Wohnbedingungen

Die befragten ExpertInnen beschreiben in den Interviews gesundheitliche Belastungen, die aus den Lebens- und Wohnbedingungen der Menschen resultieren. Die Ergebnisse werden zusammengefasst in strukturelle Belastungen (z.B. Belastungen aus der städtebaulichen Struktur und Wohnumgebung) und personenbezogene Belastungen (z.B. Belastungen aus dem persönlichen, sozialen Umfeld, der finanziellen Situation der Familie) dargestellt.

4.4.1 Strukturelle Belastungen

Die Befragten weisen in den Interviews auf folgende Belastungen hin: Ottakring wird als ein Bezirk mit sehr hoher Bebauungsdichte und wenigen Grünflächen empfunden. *„Also Ottakring finde ich, ist nicht viel grün“* (I.5: 183). Besonders der Mangel an Freiräumen wird als Belastung für die Menschen im Bezirk gesehen. Darüber hinaus benennen InterviewpartnerInnen den Verkehr besonders in der Nähe des Gürtels und die daraus resultierende Belastung mit Lärm und Schadstoffen wie Feinstaub als Faktoren, die die Lebensqualität der Menschen reduzieren. *„[...] das sind zum Einen der starke Verkehr und der damit in Verbindung stehende Feinstaub und Abgasbelastung“* (I.1: 54-55). Eine Interviewpartnerin bezeichnet diese externen Einflüsse besonders für die Gesundheit und Sicherheit von Kindern als belastend: *„Die Gürtelnähe ist sicher auch für Kinder nicht so fein. Der Gürtel ist sicher auch schadstoffbelastet [...]. Ich denke mir halt was die Sicherheit betrifft, die Hasnerstraße ist jetzt eher verkehrsberuhigt, und eh nett mit Bäumen. Aber sonst so, Ottakringerstraße, Thaliastraße, Gürtel, Koppstraße, da ist schon viel los“* (I.5: 183-188). Eine andere Befragte spricht die Unterschiede zwischen den gürtelnahen Gebieten von Ottakring und den gürtelferneren Räumen an: *„Vom Gürtel weg bis zum 9er ist der belastete Bezirk, ab dann wird's lockerer und immer grüner und oben ist es ja nur noch grün“* (I.7: 55-57).

Aufgrund der wenigen Grün- und Freiflächen im Wohnumfeld wird von InterviewpartnerInnen ein hoher Nutzungsdruck der vorhandenen Flächen in naheliegenden Parks festgestellt. Die Parkanlagen geben durch ihre Struktur die Art der Nutzung sehr stark vor. Für die NutzerInnen gibt es wenig freien Gestaltungsspielraum. *„Ich denke mir, die Stadt bietet natürlich nicht so viele Freiräume, wo die Jugendlichen auch ohne Regeln so ihr freies Spiel ausleben können. Da bräuchte es wirklich einen großen Park mit unterschiedlichsten Dingen, aber nicht so genormt, weil da gibt es die Schaukel und die Rutsche, aber es gibt nicht die Möglichkeit, wo sie die Phantasie entwickeln können“* (I.2: 98-101).
Auch der Raum in den Wohnungen wird von den InterviewpartnerInnen als sehr begrenzt beschrieben: *„[...] die relativ kleinen Wohnungen [...] die jetzt nicht unbedingt so gesund und hell sind“* (I.1: 55-56). Durch die beengte Wohnsituation gibt es zu wenig Rückzugsmöglich-

keiten für die einzelnen Familienmitglieder. Für Kinder und Jugendliche wirkt sich das auch auf ihre Lernbedingungen aus: *„Das heißt sie haben keine guten Wohnbedingungen, die förderlich sind, damit man daheim gern lernt. Du hast kein eigenes Zimmer mit einem schönen Schreibtisch, wo du deine Sachen ordnen kannst und deinen Computer und so, was man heute ja schon braucht, wenn man Schüler ist."* (I.8: 288-292)

Auch sprachliche Barrieren können ein Belastungsfaktor für OttakringerInnen mit Migrationshintergrund sein. Junge Menschen werden mitunter als ÜbersetzerInnen für ihre Eltern gebraucht. Die Sprachbarriere kann auch die Möglichkeiten der Eltern, ihre Kinder in schulischen Angelegenheiten zu unterstützen, einschränken: *„Sie haben [...] kaum Möglichkeiten Unterstützung von den Eltern zu bekommen, weil die auch sprachlich nicht in der Lage sind ihnen zu helfen"* (I.5: 117-119). Auch der finanzielle Druck, unter dem viele Familien stehen, wird von den InterviewpartnerInnen als Belastung angeführt: *„[...] ist eine Konkurrenzsituation und ein ökonomischer Druck, der auf ihnen lastet"* (I.8: 175-176). *„Von denen haben wir viel, weil die viel Freizeit haben und viel im öffentlichen Raum sind. Dort brauchen sie auch kein Geld. Sie haben ja kein Geld, dass sie jetzt irgendwo in ein Lokal gehen oder in einen Verein kicken gehen oder irgendwo hingehen, was Geld kostet. Die können oft nur den öffentlichen Raum konsumieren"* (I.8:182-186). Der Umgang mit unterschiedlich kulturell geprägten Wertvorstellungen kann in Familien mit Migrationshintergrund eine Belastung darstellen: *„Und ein Nachteil ist, wenn du jetzt nicht so funktionierst in diesem System, so nach den Wertvorstellungen dieses Familienverbandes und du fliegst da hinaus, dann kann sein, dass keiner mehr in dem Familienverband mit dir zu tun haben möchte, Beispiel: irgendwelche Mädchen, die sich vielleicht nimmer so viele Vorschriften machen lassen wollen vom Vater, für die ist es dann oft sehr schwierig, dieses enge Familiennetz"* (I.8: 365-369).

4.4.2 Personenbezogene Belastungen

In den Interviews wurden personenbezogene Belastungen in den Bereichen des sozialen Zusammenlebens, der Ausbildungs- und Arbeitsmarktsituation, der Wohnverhältnisse und der finanziellen Situation der Familien angesprochen.

Die InterviewpartnerInnen nannten zahlreiche Belastungen im seelischen und sozialen Bereich bei Jugendlichen. Konflikte zwischen den verschiedenen Cliquen werden beschrieben: *„Es gibt ja da nicht einfache Situationen sondern auch Kämpfe, es sind die Parks [...] weil da gibt es nur diese Cliquen, da würde ich sagen, so Grabenkämpfe kommt schon auch vor, zwischen so Gruppen [...]"* (I.2: 109-112).
Auch in den Interviews wurde die Schwierigkeit, geeignete Lehrstellen, Ausbildungs- oder Arbeitsplätze zu finden, als Belastung für die Jugendlichen genannt, die Versagensängste,

Perspektivlosigkeit und Zukunftssorgen auslöst: *„Sicher ist für viele auch der Druck, sie haben von daheim den Druck, dass sie eine Arbeit finden sollen, finden aber keine, also das ist sicher nicht so einfach für die Jugendlichen“* (I.8: 140-142). Besonders belastet sind Jugendliche, die von Langzeitarbeitslosigkeit betroffen sind. Das Fehlen einer Tagesstruktur und mangelnde Möglichkeiten der Freizeitgestaltung werden von den InterviewpartnerInnen als problematisch eingeschätzt (I.6).

Junge Frauen bzw. Mädchen stufen vor allem die frühe Verantwortungsübernahme in der Familie für Haushaltstätigkeiten und die Beaufsichtigung ihrer jüngeren Geschwister als belastend ein. Das kann dazu führen, dass die jungen Frauen bzw. Mädchen kaum Freizeit für ihre eigenen Interessen zur Verfügung haben (I.5).

Nach Einschätzung der InterviewpartnerInnen ist auch der schulische Druck ein hoher Belastungsfaktor (I.2, 5, 8). *„Naja, der schulische Druck. Ich habe schon das Gefühl, dass sie sehr unter Druck stehen und auch Druck von daheim und dass die Eltern sie aber wenig unterstützen können bzw. sie haben oft sehr wenig Platz daheim zu lernen oder haben einfach wenig Raum. Gestern war Thema zu sechst in einer Zweizimmerwohnung. Ja wie soll das gehen?“* (I.5: 114-118).

Die Einschränkung der Lebens- und Freizeitgestaltung durch die beengte finanzielle Situation der Familien wird von Jugendlichen sehr belastend erlebt. Auch die Entwicklung von Zukunftsplänen und Perspektiven der Jugendlichen ist von den finanziellen Möglichkeiten der Familie geprägt (I. 2, 5). *„Sie haben auch wenige Bewegungsmöglichkeiten, haben auch wirklich wenig Geld und Freizeit ist oft mit Konsum verbunden und ist für viele auch nicht möglich.“ (I.5: 79-82)*

„Einfach du brauchst, um mithalten zu können, um in den Cliquen wer zu sein oder um Weggehen zu können, um Erlebnisse haben zu können, brauchst du irgendwie Geld. Oder auch um Perspektiven entwickeln zu können, auf denen du einen Lebenstraum aufbauen kannst, brauchst du Geld, Ausbildung und da bleiben einfach etliche über.“ (I.8: 177-180)

Eine grundlegende Annahme im Modell zur gesundheitlichen Ungleichheit nach Andreas Mielck besagt, dass nicht die gesundheitliche Belastung an sich entscheidend ist, sondern die Bilanz aus gesundheitlicher Belastung und Bewältigungsressource. Im folgenden Kapitel werden Bewältigungsressourcen beschrieben.

4.5 Bewältigungsressourcen und Erholungsmöglichkeiten

Das Modell zur Erklärung gesundheitlicher Ungleichheiten von Andreas Mielck geht von der grundlegenden Annahme aus, dass nicht die gesundheitliche Belastung an sich entscheidend ist, sondern die Bilanz aus gesundheitlicher Belastung und Bewältigungsressource. Damit haben Bewältigungsressourcen und Erholungsmöglichkeiten wesentlichen Einfluss auf die gesundheitliche Lage der Bevölkerung.

Die Interviewauswertung ergab, dass externe Bewältigungsressourcen in Ottakring in größtem Ausmaß im Bereich des Sozialkapitals vorliegen, während die Erholungsmöglichkeiten kritisch betrachtet werden, aber auch vorhanden sind. Interne Bewältigungsressourcen konnten nicht ermittelt werden – dazu wären ExpertInneninterviews methodisch auch nicht zielführend gewesen[13]. Die Auswertung bezog sich demnach lediglich auf externe Bewältigungs-ressourcen[14].

Sozialkapital: Im Bereich des Sozialkapitals – d.h. der sozialen Unterstützung im Bezirk oder auch des Zusammenhalts und der Stabilität in der Familie oder in sozialen Gruppen – wurden viele Ressourcen genannt. Darunter fallen die Parkbetreuung (I.2) und Einrichtungen, die sich für sozial Schwache im Bezirk einsetzen (I.4). Kinder, die im Park ihre Freizeit verbringen, werden jedoch oft sich selbst überlassen, d.h. es fehlt eine Betreuungsperson. *„[...] dass gerade bei Migrantenfamilien die Kinder sehr viel im Park sind, zum Teil auch sich selbst überlassen, was ja nicht immer optimal ist“* (I.2: 47). Einrichtungen, die kostenlose Unterstützung in verschiedenen Feldern anbieten, gelten als Ressource im Bezirk, wie etwa Lernhilfe für Kinder. *„[...] also die Lernhilfe ist natürlich ein großes Thema für Schulen, weil oft gibt es keine kostenlosen Lernhilfeangebote“* (I.5: 152-153). *„Also wir haben fixe Honorarkräfte, die das machen, plus zehn Ehrenamtliche zu allem was gefragt ist. Also Hausaufgabenhilfe und Vorbereitung von Prüfungen, Schularbeiten“* (I.5: 157-158).

Eine andere Ressource sind kostenlose Therapieplätze für jene, die sich einen Therapieplatz nicht leisten können: *„[...] dass es Leute sind, die sich einen Therapieplatz nicht mehr leisten können, sondern auf einen Gratisplatz angewiesen sind. Da habe ich nur begrenzte. Ich denke, das ist genau der Punkt“* (I.4: 279-280). Die Nachfrage nach leistbarer Psychotherapie sei hoch und könne im Moment nicht gedeckt werden. Während früher eher bildungsnahe Schichten Psychotherapie in Anspruch genommen haben, würde jetzt auch ein Zustrom an bildungsfernen Schichten zur Therapie beobachtet werden. Diese muss aber leistbar sein (I.4).

[13] Für eine Analyse der internen Bewältigungsressourcen der Ottakringer Bevölkerung wäre eine Befragung der Bevölkerung in einem repräsentativen Sample methodisch empfehlenswert.
[14] Es kann nicht zwischen den Bewältigungsressourcen von unterschiedlichen Gruppen, Altersstufen oder Bildungsschichten unterschieden werden, da hierzu die Daten auf Bezirksebene fehlen.

Die Zugehörigkeit zu Jugendkulturen und Jugendgruppen wird als Bewältigungsressource gesehen. I.4). *„[...] es gibt Jugendkulturen, die eine Durchlässigkeit fördern, so Milieus, wo sich Bildungs- und Einkommensmilieus mischen, wo es interessant und wichtig ist, dass du ein guter Tänzer bist oder Skater oder Fußballer bist, dann ist das [Anmerkung: finanziell eingeschränkt zu sein] egal“* (I.4: 332-333).

Weitere Bewältigungsressourcen stellen das rege Sozialleben der migrantischen Bevölkerung in Ottakring und die meist großen Familienverbände dar (*„Bei den Migranten würde ich sagen, wir haben hauptsächlich Leute mit Migrationshintergrund. Da ist ein sehr reges Sozialleben. Zumindest haben die sehr oft sehr starke Familienverbände. Ich merke es bei den Hochzeiten, wo dann tausend Leute eingeladen sind“* (I.4: 352-355). Vorteile der starken Familienverbände sind u.a. die starken Beziehungen der Personen im Familienverband (Beziehungskapital) und die erhöhte Wahrscheinlichkeit, bei Problemen Unterstützung zu erhalten bzw. jemanden zu kennen, der helfen kann (Unterstützungskapital). Das Ausmaß an gegenseitiger Unterstützung wird in den migrantischen communities von den InterviewpartnerInnen als hoch eingeschätzt. Beispiel sind Vermittlung von Jobs oder materiell praktische Hilfe. Die Sozialsysteme der MigrantInnen – die ein Ausmaß an hundert Menschen erreichen können – werden als stark, unterstützend, komplex und mit klaren Ordnungen beschrieben (I.4).

Erholungsmöglichkeiten: Die Erholungsmöglichkeiten sind eng mit dem Freizeitverhalten der OttakringerInnen verbunden. Als Orte der Erholung – und damit externe Bewältigungsressourcen im Wohn- und Lebensumfeld – werden am häufigsten Parks und Einkaufszentren genannt (I. 4, 5, 6, 7, 8). Die Lugerncity ist die am öftesten genannte Erholungsmöglichkeit für Jugendliche (I. 4, 5, 8). Weitere Nennungen beziehen sich auf den Wald am Wilhelminenberg oder in anderen Bezirken (I. 4, 7) sowie das Besuchen von befreundeten Personen in deren Zuhause (I.7, 9) und einzelne Nennungen: der Markt (I.4), ethnische communities (I.6), PensionistInnenclubs (I.7), Lokale (I.8), Heurige (I.7) und andere.
Die Wichtigkeit der Parks als Erholungsmöglichkeiten zeigen folgende Zitate:
„Also erstens bekomme ich mit, wie wichtig die Parks sind, also hier in der Nähe.“ (I.4:168)
„Erholungsräume sind aus meiner Sicht die Parks und letztlich die Steinhofgründe.“ (I.4:195)
„Und von den älteren KlientInnen, die wir haben, sitzen sicherlich viele in Parks, weil das erzählen sie auch immer wieder. Wenn man fragt, wie sie von uns erfahren haben, das hat ihnen im Park jemand gesagt.“ (I.6: 150-152)
„Parks: Yppenplatz, Ludo-Hartmannplatz, Richard-Wagner-Platz, Hofferplatz, Schuhmeierplatz, Stillfriedplatz, Wiesbergpark, Mildeplatz und Huberpark, das sind relevante. Kongresspark gehört auch zu Ottakring teilweise. Das sind die Parks.“ (I.8: 240-242)
„In den Parks wie schon gesagt, bei den Burschen viel Ballspiele, aber auch sitzen, rauchen, tratschen. Einfach Leute treffen oder Mädchen treffen oder Mädchen kommen hin in manche

Parks, um Burschen zu treffen. Aber die Parks sind schon sehr burschendominiert, aber es gibt auch welche, die so ein bisschen eine Flirtbörse sind." (I.8: 272-277)

Die Stellung der Lugnercity (15. Bezirk) für die OttakringerInnen wird an folgenden Aussagen deutlich:
„Lugnercity, also auch Einkaufszentren, ohne etwas zu konsumieren sind ein Thema." (I.5: 93)
„Was noch sehr beliebt ist, ist die Lugnercity, die ist zwar über der Grenze, aber da gehen vom 16. und 17. die Jugendlichen hin." (I.8: 242-243)
„[...] für jugendliche Mädchen, das ist so, die gehen auch in die Lugnercity, um sich zu erholen." (I.4: 196)
„Also ich habe sehr lange Parkbetreuung in der Nähe der Lugnercity gemacht, da waren viele Kids immer in der Lugnercity, da bin ich auch oft mit ihnen hingegangen. Das war wirklich ein bisschen schauen, weniger shoppen, andere Leute treffen." (I.5: 99-102)
„Ja die gehen auch ohne Kaufen dorthin. Ja du musst nichts kaufen, du kannst flanieren. Da können sie herumspazieren, treffen Leute, genau, werden selber gesehen. Man trifft immer irgendwen." (I.8: 262-268)

In den Interviews kommt zur Sprache, dass manche Personen aus sozial schwachen Zielgruppen über weniger Freizeit und damit weniger externe Bewältigungsressourcen verfügen als sozial besser gestellte Menschen in Ottakring. Eine Interviewpartnerin bringt das auf den Punkt:
„Wir haben einerseits viele die langzeitarbeitslos sind oder Hausfrauen und überhaupt nicht erwerbstätig sind und einerseits viele [...], die einfach arbeiten, arbeiten, arbeiten, zu diesen klassischen working poors gehören und wo ich überhaupt sagen würde [...] die haben ja gar keine Freizeit. Woher sollen die Freizeit haben? [...] ich habe viele KlientInnen, die arbeiten 30 Stunden die Woche, manche nur 20, für mehr sind sie gar nicht angemeldet und bei manchen ist es wirklich so. Aber bei vielen, die arbeiten in Wirklichkeit 60 Stunden in der Woche, der Rest ist alles schwarz, aber nicht weil es die Klienten wollen, sondern weil es in der Reinigung, in der Gastronomie, in der Baubranche teilweise so funktioniert, wie sie nicht funktionieren sollten, aber es ist so [...] die einzige Freizeit, die sie haben, ist einmal in der Woche in irgendeine religiöse Gruppe von ihrer community zu gehen und da können sie nicht immer hin [...] Wenn das jetzt die Klienten sind, die arbeiten müssen, das ist von 6 bis 10 in der Früh den einen Putzjob und von 17 bis 21 den anderen. Dann ein Kind krank, einen anderen Termin wahrzunehmen, jedes Mal die Rennereien wegen dem Aufenthaltstitel. Allein die Zeit, die verloren geht für jedes Kind, das aus Serbien ist, wo jeder Aufenthaltstitel dann anders abrennt und wenn´s ein spezieller Bezirk ist, wo´s lang dauert, dann drei Stunden dort herumzusitzen für

den Antrag, dann wiederherumzusitzen fürs Abholen, dann wieder letztlich verbringen sie auch ihre Freizeit bei uns [...]" (I.6:121-164 mit Auslassungen).

Das individuelle Gesundheitsverhalten wird nach Mielck (2005) durch die Bilanz aus Belastung und Bewältigungsressourcen und durch die Art der gesundheitlichen Versorgung beeinflusst. Nachstehend werden Interviewergebnisse zum Gesundheits- und Krankheitsverhalten der Ottakringer Bevölkerung dargestellt.

4.6 Gesundheits- und Krankheitsverhalten

4.6.1 Bewegungsverhalten

Das Bewegungsverhalten der OttakringerInnen unterscheidet sich wesentlich nach Geschlecht. Generell sind viele soziale Gruppen wenig bewegungsinteressiert, wie eine Interviewpartnerin angibt: *„Momentan ist unsere Klientel wenig bewegungs- und sportinteressiert."* (I.5: 48) Die Nutzung des öffentlichen Raums in Ottakring zur Bewegung wird häufig von Männern bzw. Burschen wahrgenommen, jedoch weniger von Frauen bzw. Mädchen. *„Sport im öffentlichen Raum zu machen ist schon burschendominiert. Egal, welche Nationalität, welcher Bildungshintergrund, egal ob Skater, Fußballer, Basketballer, es sind überall die Burschen ganz klar dominant"* (I.8: 46-48).

Die Voraussetzung für die Nutzung des öffentlichen Raums zur Bewegung ist das Vorhandensein von Bewegungsräumen, d.h. Grünflächen und Parks (I.4). Der Park wird häufig als Ort der Bewegung genannt (I.4, 5, 9). *„Was ich von Bewegung hier höre öfter von Kindern, dass sie am Nachmittag im Park sind oder rausgehen oder am Wilhelminenberg sind." (I.9: 49-50). „Einer meiner kleinen Patienten, ein fünfjähriger türkischer Bub, spielt im Park, seit der Park wieder offen ist." (I.4: 139-140)*

In den öffentlichen Parks in Ottakring ist ein stark geschlechtersegregiertes Bild zu beobachten. Mädchen und Burschen bewegen sich unterschiedlich. Während die Burschen eher Fußball spielen und die Ballkäfige dominieren, ist Tanzen bei Mädchen eine häufig gewählte Bewegungsart. (I.8). *„Die öffentlichen Parks sind schon sehr burschendominiert, gerade dort in den Käfigen finden die Burschenaktivitäten statt, das weiß ich, wobei wir eher weniger mit den Mädchen in den Parks machen"* (I.5: 46-48). Die Burschen dominieren die Ballkäfige und auch die anderen Teile der Parks. Mädchen nutzen den öffentlichen Raum wenig als Ort der Bewegung (I.8). *„Ich meine Mädchen sind zwar auch draußen, erstens einmal nicht so viel wie Burschen, aber die sitzen trotzdem mehr herum und plaudern und sind im öffentlichen Raum mehr zum Plaudern und Tratschen [...] die Mädchenkultur ist eine andere als die Burschenkultur"* (I.8: 53-56;62).

Weitere Settings, in denen Bewegung stattfindet, sind der Sportverein oder der Schulhof. Die Sportvereine werden jedoch nur genutzt, wenn sie möglichst kostengünstig oder kostenfrei sind oder sie werden von Jugendlichen aus sozial benachteiligten Familien gar nicht genutzt, da sich sozial schwache Personengruppen den Mitgliedsbeitrag im Sportverein nicht leisten können. Die Parks werden viel häufiger frequentiert. Der Schulhof wird im westlichen Teil Ottakrings als Möglichkeit zur Bewegung genannt, im gürtelnahen Bereich jedoch als eher ungeeignet beschrieben: *„Und wir haben hier [Anmerkung: in der westlichen Gegend nahe Wilhilminenberg] auch einen Schulhof, der wesentlich freundlicher und besser bespielbar ist als der in der [...]gasse [Anmerkung: in der gürtelnahen Gegend]. Das ist auch Beton, aber es stehen große Bäume und er ist in Abschnitte gegliedert. Jede Stunde ist eine Klasse unten. In der [...]gasse waren rundherum Mauern. Keine Sonne drinnen. Das ist der Unterschied einfach"* (I.9: 59-62).

Das Bewegungsverhalten ist eng mit den Fernsehgewohnheiten der Menschen verbunden (I.2). Die verstärkte Möglichkeit, fernzusehen und Video- und Computerspiele zu spielen, hat aus Sicht der Befragten Bewegung als Freizeitverhalten zurückgedrängt. Burschen würden sich aber trotzdem mehr bewegen als Mädchen (I.5, 8).

Auch kulturelle Normen können sich insbesondere für Mädchen einschränkend auf das Bewegungsverhalten auswirken. *„[...] und so Themen wie Schwimmen ist für viele [Mädchen] problematisch, weil es nicht erlaubt ist in Freibäder zu gehen und müssen recht bedeckt sein, d.h. sie haben da relativ wenige Möglichkeiten auch"* (I.5: 51-52).

Der Zusammenhang zwischen Bewegung, Freizeitverhalten und seelischer Gesundheit ist ebenfalls thematisiert worden (I.4). Bewegung hat positive Auswirkungen auf die seelische Gesundheit, vor allem bei Menschen mit Burnout oder Depressionen. Die Wichtigkeit, Grünflächen dafür im Bezirk zur Verfügung zu haben und nicht auf Nachbarbezirke ausweichen zu müssen, die teilweise schwer erreichbar sind (wie z.B. die Steinhofgründe im 14. Bezirk), wird in den Interviews betont (I.5). Das Bewegungsverhalten bzw. das Freizeitverhalten verändert sich auch mit dem Alter. Während die unter 75-Jährigen viel Bewegung machen, wie etwa in Form von Ausflügen, Reisen oder Urlauben, verändert sich das Bewegungsverhalten vor allem mit dem Einzug ins PensionistInnenwohnheim. Bei der Gruppe der über 80-jährigen ist eine Verringerung der Mobilität zu beobachten (I.7).

Nach Einschätzung der InterviewpartnerInnen hängt das Bewegungsverhalten mit der Leistbarkeit von Sportangeboten zusammen. Eine Interviewpartnerin streicht heraus, dass gewisse Sportarten wie etwa das Skifahren für viele Familien nicht in Frage kommen, weil sie nicht leistbar sind. *„Ja und was so Sportdinge betrifft muss man sagen, viele hängen auch mit Geld zusammen und die meisten Familien von unseren KlientInnen haben kein Geld, also*

Skifahren, das ist ihnen wirklich zu teuer, davon brauchen wir gar nicht reden, aber auch Sportvereine oder so“ (I.5: 66-69). Auch soziale und kulturelle Werte beeinflussen das Bewegungsverhalten. Es kommt vor, dass Mädchen manche Sportarten vom Elternhaus verboten werden oder von den Eltern nicht weitergegeben werden können. *„Schwimmen können auch nicht alle, d.h. bei österreichischen Kindern geht man davon aus, dass die eh alle schwimmen können, das ist bei uns nicht so, weil bei vielen, die gehen einfach in der Familie nicht schwimmen“* (I.5: 58-60).

4.6.2 Ernährungsverhalten

Für Jugendliche ist Ernährung kein vorrangiges Thema, da die Auswirkungen ungesunder Ernährung für sie noch nicht spürbar sind: *„Ich arbeite jetzt hauptsächlich mit Burschen, die relativ viel Sport machen und sehr fit auch sind, da ist es überhaupt kein Thema, weil sie sind sowieso fit, ob sie jetzt gesund essen oder nicht“* (I.8: 105-106). *„[...] mit 16 da spürst du deine Kraft und wie du fit bist, du fühlst dich einfach gesund.“* (I.8: 116-127)

Das Interesse von Erwachsenen am Thema Ernährung wird von einer Interviewpartnerin hingegen höher eingeschätzt als vor etwa 15 Jahren: *„[...] weil sie den Kindern gute Nahrung zur Verfügung stellen möchten, als auch, dass sie stolz darauf hinweisen, dass sie selber kochen. Das würde ich sagen, war vor 15 Jahren nicht so wichtig. Was jetzt Ernährung betrifft oder dass Kochen ein Wert ist, das wird jetzt zumindest angesprochen“* (I.4:58-61).

Nach Einschätzung der InterviewpartnerInnen ernähren sich Kinder und Jugendliche wenig gesundheitsbewusst. Lebensmittel und Getränke, die einen hohen Zuckergehalt aufweisen sowie Fertigprodukte haben einen hohen Anteil an ihrer täglichen Ernährung. Besonders Snacks wie Kebap oder Pizza sind beliebt, auch deshalb, weil sie nicht teuer sind: *„[...] und haben dann zwei Euro und kaufen sich Tschick oder essen die billigste Pizzaschnitte, die sie irgendwo kriegen, weil sie einen Hunger haben“* (I.8: 124-125).

Der Wunsch, einen bestimmten Status zu signalisieren, kann auch Einfluss auf das Konsumverhalten nehmen: *„Das ist vielleicht auch ein bisschen ein Statussymbol, wenn ich das zuhause habe und nicht nur Wasser, Wasser wäre arm, aber wenn ich Cola und die Fruchtsäfte und das Sprite daheim habe, dann bin ich doch nicht so ganz arm“ (I.2: 48-52).*
Die Leistbarkeit wird von den InterviewpartnerInnen auch beim Ernährungsverhalten als wichtiger Faktor gesehen. Die Annahme, dass gesunde Ernährung teuer ist, wird als ein entscheidender Grund für ungesundes Ernährungsverhalten genannt (I.5, 8).

Auch der soziale Aspekt des gemeinsamen Essens wird von den InterviewpartnerInnen angesprochen. Gemeinsame Mahlzeiten, der Austausch miteinander während des Essens sind im täglichen Ablauf in den Familien oft nicht mehr gegeben. *„Es gibt keine gemeinsamen Mahlzeiten. Kein gemeinsames Frühstück oder so.“* (I.2: 39-41). Von einer Interviewpartnerin wird auch der Aspekt hervorgehoben, dass gemeinsames Kochen oder Backen positive Auswirkungen auf die seelische Gesundheit haben und das Familienleben positiv beeinflussen kann: *„[...] obwohl Weihnachtskekse an sich jetzt nichts besonders Gesundes sind, aber es ist [...] etwas, das sie aktiv tut um das Familienleben positiv atmosphärisch zu beeinflussen“* (I.4: 112-114).

Mangelndes Wissen ihrer KlientInnengruppen über gesunde Ernährung wird von den InterviewpartnerInnen als weiterer wesentlicher Faktor für das Ernährungsverhalten wahrgenommen. Das Gesundheitsverhalten von Kindern und Jugendlichen ist geprägt von den in der Familie bestehenden Werten dazu (I.1, 2, 8).
Eine Interviewpartnerin nennt die geringen Zeitressourcen aufgrund beruflicher Verpflichtungen, die gesundes Kochen kaum erlauben. *„[...] also auch viele Fertigprodukte auf den Tisch kommen, zum Teil weil sie auch berufliche Zeiten haben, wo sie auch nicht anders können, weil sie in der Früh raus müssen und am Abend spät kommen, gerade auch bei Migranten.“* (I.4: 35-37).

Einige Einrichtungen in Ottakring haben die Auseinandersetzung mit Gesundheitsthemen in ihr Angebot integriert z.B. in Form von Sensibilisierung, Wissensvermittlung und Beratung zum Thema Ernährung und Weitervermittlung an entsprechende Einrichtungen bei Anliegen mit spezifischem Beratungsbedarf. Zur Stärkung des Gesundheitsbewusstseins werden gemeinsame Aktivitäten wie z.B. eine gemeinsame gesunde Jause angeboten. In manchen Einrichtungen wird regelmäßig gemeinsam gesund gekocht (I.2, 5, 8).

4.6.3 Seelische und soziale Gesundheit

Im Bereich der seelischen Gesundheit werden von InterviewpartnerInnen, die mit der Zielgruppe der Kinder und Jugendlichen konfrontiert sind, die Themen Körperbewusstsein, -entwicklung und -pflege sowie Pubertät und Sexualität angesprochen. Besonders junge Mädchen mit Migrationshintergrund weisen laut Befragten wenig Wissen zu diesen Themengebieten auf, weil sie zuhause „tabu“ sind. Es fällt ihnen häufig schwer, mit den Veränderungen umgehen zu können. *„Viele Mädchen sind auch wenig aufgeklärt und merken dann die Veränderung erst, wenn sie in der Pubertät eintritt, gerade bei Mädchen ist das oft sehr krass, und sie finden sich nicht damit zurecht, was mit ihnen passiert“* (I.5: 32-35). In Zusammenhang mit den genannten Bereichen ergeben sich eine Vielzahl an Konflikten und Problemen in Familien, was sich auf die seelische und soziale Gesundheit der Menschen negativ auswirkt.

Auch das soziale Umfeld und der Umgang der Menschen untereinander beeinflusst die Gesundheit. Eine Interviewpartnerin stellt Unterschiede hinsichtlich des sozialen Umfeldes und der Größe des Freundeskreises von Burschen und Mädchen fest. Es wird erkannt, dass sich Burschen generell in größeren Gruppen und Cliquen bewegen, während sich Mädchen häufig in kleineren Gruppen, sprich in zweier oder dreier Freundschaften aufhalten. Diese Minicliquen können u.U. einen höheren sozialen Druck ausüben: *„Also bei größeren Gruppen verlagert sich das dann, aber wenn du einfach in so Minicliquen bist, dann ist das sicher oft sehr anstrengend für die Mädchen“* (I.5: 170-172). OttakringerInnen mit Migrationshintergrund machen sich häufig Sorgen um ihre Verwandten, denen keine so gute gesundheitliche Versorgung wie in Österreich zur Verfügung steht. Eine Interviewpartnerin gibt an, dass sie versuchen, ihre Verwandten nach Österreich zu bringen, und viel Kraft in die Unterstützung ihrer Angehörigen investieren. *„[...] ein [...] Wunsch, der logisch ist, irgendwelche schwerkranken erwachsenen Kinder, Mütter, Väter, Onkel, Tanten, Cousins aus ihren Heimatländern zu holen, damit die hier behandelt werden“* (I.6: 77-79). Diese Hilfeversuche, die viel Kraft und Energie kosten, sind oft nicht sehr erfolgreich, was auch Auswirkungen auf die seelische und soziale Gesundheit hat.

Abbildung 32: Gesundheitsverhalten von OttakringerInnen

4.7 Darstellung der Ergebnisse auf Basis des Modells von Andreas Mielck (2005)

In der Grafik auf der nächsten Seite sind die Ergebnisse nach den entsprechenden Einflussfaktoren dargestellt.

EINFLUSSFAKTOREN AUF DIE GESUNDHEIT DER OTTAKRINGER BEVÖLKERUNG

Im Rahmen des Projekts Gesundes Ottakring wurden auf Basis des Modells zur Erklärung sozialer und gesundheitlicher Ungleichheiten von Andreas Mielck (2005) die Einflussfaktoren auf die Gesundheit der Bevölkerung Ottakrings analysiert. Es beschreibt die Zusammenhänge und Wechselwirkungen zwischen sozialer Lage und Gesundheit.

SOZIALE UNGERECHTIGKEIT

UNTERSCHIEDE IN BILDUNG, BERUFLICHEM STATUS, EINKOMMEN, MACHT UND PRESTIGE.

Der östliche Teil des Bezirks ist geprägt von niedrigem Bildungsniveau, niedriger berufliche Qualifikation, hoher Arbeitslosigkeit, niedrigem Einkommen

UNTERSCHIEDE IN DEN GESUNDHEITLICHEN BELASTUNGEN

LEBENS- UND WOHNBEDINGUNGEN

STRUKTURELL

hoher Anteil von Substandardwohnungen und Wohnungen mit Basisqualität beengte Wohnverhältnisse • hohe Bebauungsdichte • wenig Freiräume und Grünflächen in Gürtelnähe wenig gestaltbarer Raum • hohe Nutzungsdichte in den Parks • Burschen dominieren den Park, geringe Aneignung des öffentlichen Raums durch Mädchen • Konflikte im sozialen Nahraum zwischen unterschiedlichen Bevölkerungsgruppen • hohe Verkehrsbelastung (Gürtel) sprachliche Barrieren niedrige Einkommen finanzieller Druck

PERSONENBEZOGEN

Lebenszufriedenheitsindex unter dem Wiener Durchschnitt • Wohnzufriedenheit unter dem Wiener Durchschnitt • Niedriges subjektives Sicherheitsgefühl • Angst vor Konflikten im sozialen Nahraum Zukunftsängste junger Menschen, keine geeigneten Ausbildungs- bzw. Arbeitsplätze zu finden • Frühe Verantwortungsübernahme bei Mädchen • schulischer Druck • Belastung durch enge finanzielle Situation • Einschränkungen der Lebens- und Freizeitgestaltung • Einschränkung der Zukunftschancen bei Jugendlichen

ARBEITSBEDINGUNGEN

keine Erhebung der Belastungen aus den Arbeitsbedingungen der Ottakringer Bevölkerung (kommunales Setting des Projekts)

UNTERSCHIEDE IN DEN BEWÄLTIGUNGSRESSOURCEN, ERHOLUNGSMÖGLICHKEITEN

EXTERNE

Sozialkapital • Stabilität in Familien und sozialen Gruppen (Beziehungskapital) • Soziale Unterstützung durch Einrichtungen und Vereine im Bezirk • Zugehörigkeit zu Jugendkulturen und Jugendgruppen • reges Sozialleben der MigrantInnen • hohes Ausmaß an gegenseitiger Unterstützung in migrantischen communities (Unterstützungskapital) • Erholungsmöglichkeiten • hohe Wichtigkeit der Parks als Erholungsmöglichkeit im Wohnumfeld • Einkaufszentren werden als Freizeitraum genutzt (Lugnercity) • Erholungsgebiet des Wilhelminenbergs

INTERNE

Ressourcen der Person/persönliche Kompetenzen wurden im Rahmen des Projekts nicht erhoben

UNTERSCHIEDE IN DER GESUNDHEITLICHEN VERSORGUNG

Vielfältige und gut vernetzte Angebotsstruktur in den Bereichen Jugendarbeit, Bildung, Kultur, Gesundheit und Soziales • Zielgruppen- und lebenswelt-orientierte Angebote • Unterstützung für migrantische Familien durch ihre Kulturvereine • mehrsprachige Unterstützung für Familien durch die Stadt Wien • Projekte zur Verbesserung des Zusammenlebens (MA17) • Gute Abdeckung der Jugendarbeit durch Vereine und Angebote der Stadt Wien • Lernhilfe-Angebote der Vereine Gesundheitsförderungsangebote • viele Angebote für PensionistInnen • gut ausgebautes Parkangebot mit Parkbetreuung • Angebote zur Bildungsberatung und Erwachsenenbildung • Kunst als Mittel zur Begegnung über kulturelle Grenzen hinweg • Bedarf an niederschwelligen Gesundheitsförderungsangeboten besonders für ältere Menschen und migrantische Familien

UNTERSCHIEDE IM GESUNDHEITSVERHALTEN

BEWEGUNG

Nutzung des öffentlichen Raums zur Bewegung überwiegend von Männern bzw. Burschen
Einschränkung des Bewegungsverhaltens bei Mädchen durch kulturelle Normen
TV und Computerspiele verdrängen Bewegung als Freizeitverhalten
SeniorInnengerechte Gestaltung der Parks im Wohnumfeld
eingeschränkte Leistbarkeit von Bewegungsangeboten

ERNÄHRUNG

wenig Gesundheitsbewusstsein bei Jugendlichen
ungesunde Ernährungsgewohnheiten junger Menschen
mangelndes Wissen über gesunde Ernährung
eingeschränkte Leistbarkeit von gesunder Ernährung
Zeitdruck durch berufliche Verpflichtungen als Ursache ungesunder Ernährung

SEELISCHE GESUNDHEIT

Bedarf an Auseinandersetzung bei Jugendlichen zu Themen wie Körperbewusstsein, und -entwicklung, Veränderungen in der Pubertät, Sexualität, Rollenidentität
Konflikte im sozialen Umfeld und in der Familie
psychische Belastung bei MigrantInnen durch Sorgen um die im Heimatland verbliebenen Verwandten

GESUNDHEITLICHE UNGLEICHHEIT

UNTERSCHIEDE IN MORBIDITÄT UND MORTALITÄT

Eingeschränkte Lebensqualität durch eingeschränkte Leistbarkeit und fehlendes Wissen im Bezug auf Gesundheit

Ottakring ist ein lebendiger und vielfältiger Bezirk, der durch viele im Projekt Gesundes Ottakring setzen an den genannten Belastungen an und zielen darauf ab, die Bewältigungsressourcen im Sinne der Erweiterung der Handlungsspielräume zur Überwindung von Gesundheitsbelastungen und der Steigerung der Handlungskompetenz zu stärken.

5 LERNEN AUS ANDEREN PROJEKTEN

5.1 Methodisches Vorgehen

Um aus den Erfahrungen anderer Projekte zu lernen, wurden zu den drei Projektzielgruppen Gesundheitsförderungsprojekte im kommunalen Setting recherchiert. Dazu wurde eine keywordgeleitete Suche in Projektdatenbanken, Journals und im Internet durchgeführt. Projekte zum Setting Gemeindebau wurden zum Beispiel gesucht nach den keywords „Gesundheitsförderung“ bzw. „Gesundheit“ in Kombination mit den Begriffen „Stadtteil / Quartier / Nachbarschaft / Wohnsiedlung / Wohnbau“.

5.2 Gesundheitsförderungsprojekte für ältere Menschen

Die unmittelbare Wohnumgebung, der Stadtteil, in dem sie leben, gewinnt für ältere, selbständig lebende Menschen durch altersbedingte Beeinträchtigungen ihrer Mobilität an Bedeutung. Das regionale Setting „Stadt / Region / Kommune“ gilt daher als geeignetes Setting um ältere Menschen mit Maßnahmen zur Gesundheitsförderung zu erreichen (Kuhlmann und Koch 2009, S. 24)[15]. Im Folgenden werden drei Projekte herausgegriffen, die besonders gut auf „Gesundes Ottakring“ übertragbar sind.

Der Ansatz der „aufsuchenden Aktivierung“ hat zum Ziel, im Rahmen persönlicher Kontakte im unmittelbaren Lebensumfeld älterer Menschen Potenziale und Barrieren für aktives Altern zu identifizieren und individuelle Lösungen zu erarbeiten (Kuhlmann und Koch 2009, S. 26).
Das Projekt **„Aktiv ins Alter!“**[16] wurde von den Wiener Sozialdiensten und dem Institut für Soziologie der Universität Wien von 2002-2005 durchgeführt und in Teilen des 10., 12. und 15. Bezirks in Wien umgesetzt. Ziel war die Erweiterung der Chancen für ein aktives und selbstbestimmtes Leben im Alter durch aktivierende und vernetzende Maßnahmen, Verbesserung und Bündelung bereits bestehender Maßnahmen und Strategien, Verbesserung der sozialen Infrastruktur und Zugänglichkeit von Angeboten auf regionaler Ebene. Zielgruppe waren 55-80 jährige WienerInnen und ZuwanderInnen aus der Türkei und dem ehem. Jugoslawien mit spezifischen Bedürfnissen oder belastenden Ereignissen in diesem Lebensabschnitt. Sie wurden in Form von aufsuchender Aktivierung dabei unterstützt, ihre Bedürfnisse und Probleme zu erkennen und ihre Potenziale für eine aktive Lebensführung wahrzunehmen und zu nützen.

---

[15] Eine Zusammenstellung von Gesundheitsförderungsprojekten für ältere Menschen findet sich auf www.healthproelderly.com bzw. auf der Homepage des Österreichischen Bundesministeriums für Gesundheit, welches die Sammlung von Projekten aus dem Projekt „healthPROelderly“ übernommen hat.
[16] http://www.wiso.or.at/wiso/projekte/abgesch.php Stand 16.11.2011

In der Evaluation wurde der lokale Ansatz des Projekts positiv hervorgehoben. Außerdem wurde deutlich, dass die Lebensqualität der älteren Menschen entscheidend von der Informiertheit über das Geschehen im Wohnumfeld und von der Qualität ihrer sozialen Netze beeinflusst ist. Die Bedeutung von Aktivierungsprozessen besteht in einem Öffnen und Offenhalten von Möglichkeitsräumen, die dann vom einzelnen ausgestaltet werden können (Reinprecht 2005, S. 51).

Das Pilotprojekt **„sALTo – Gut und selbstbestimmt älter werden im Stadtteil“**[17] war ein Projekt im Auftrag der Stadt Wien, Magistratsabteilung 18, Stadtentwicklung und Stadtplanung und Bereichleitung für Strukturentwicklung. Die Projektdurchführung lag bei Plansinn und die Partner.at. Es wurde von November 2006 bis Mai 2008 in Wien im Triesterviertel (10. Bezirk) und im Quadenviertel (22. Bezirk) umgesetzt. Im Projekt wurde untersucht, welche Strukturen und Strategien erforderlich sind, damit ältere Menschen möglichst lange selbstbestimmt, gesund, aktiv und mit hoher Lebensqualität in ihrer gewohnten Umgebung, ihrem Stadtteil leben können.
Die Projektmaßnahmen wurden auf Basis der Analyseergebnisse entwickelt und sind darauf ausgerichtet das „gut und selbstbestimmt älter werden im Stadtteil“ zu erleichtern, zu fördern und zu unterstützen. Die Maßnahmen wurden von einer „Resonanzgruppe“ (bestehend aus BewohnerInnen, BezirkspolitikerInnen, VertreterInnen von lokalen Institutionen und Verwaltung) begutachtet und großteils gemeinsam mit Einrichtungen aus den Stadtteilen kooperativ umgesetzt. Dadurch ist eine hohe Wahrscheinlichkeit einer nachhaltigen Verankerung des Themas im Stadtteil gegeben. Der Ansatz im Projekt war ressourcenorientiert: Gerade weil der Lebensalltag der älteren Menschen vom Abbau körperlicher wie geistiger Fähigkeiten geprägt ist und zunehmend Defizite bewältigt werden müssen, setzt sALTo auf positive Botschaften und auf „einen neuen Blick aufs Alter“. Die Potenziale der Stadtteile werden hervorgehoben, Begriffe wie Vitalität oder Vitalbilanz werden verwendet und „100 Gründe hinauszugehen“ sollen ältere Menschen zu aktivem, vorsorgendem und selbstbestimmtem Verhalten anregen.

„PASEO – Building Policy Capacities für Health Promotion through **P**hysical **A**ctivities among **SE**dentary **O**lder people**“**[18] ist ein EU-Projekt, das zeitgleich in 15 europäischen Ländern von Juni 2009 bis Juli 2011 durchgeführt wurde. In Österreich wurde das Projekt vom Institut für Sportwissenschaft der Universität Wien, Abteilung Bewegungs- und Sportpädagogik in Kooperation mit der Wiener Gesundheitsförderung realisiert und es hatte einen Fokus auf dem kommunalen Setting der Stadt Wien.

[17] http://www.saltowien.at/ Stand 16.11.2011
[18] http://www.paseonet.org/ Stand 16.11.2011

Ziel von PASEO war es, einen Impuls für die Weiterentwicklung von Bewegungsinitiativen insbesondere bisher bewegungsinaktiver älterer Menschen zu setzen und damit einen Beitrag für ein möglichst selbständiges Altern bei guter Gesundheit zu leisten. Umgesetzt wurde es durch Initiieren von Vernetzungen, die Entwicklung von Maßnahmen, die inaktive ältere Menschen dazu bewegen, körperlich aktiver zu werden, die Entwicklung altersfreundlicher Bewegungsumwelten sowie durch die Erarbeitung eines Aktionsplans mit nationalen bzw. regionalen Netzwerken.

Am Beginn des Projekts stand eine Erhebung der Bedürfnisse und Wünsche von älteren Menschen in Bezug auf Bewegung, aber auch der Barrieren, die ihre Bewegungs-möglichkeiten einschränken. Der Fokus lag dabei auf der Perspektive bisher inaktiver SeniorInnen. Wesentlich für den Erfolg von Gesundheitsförderungsmaßnahmen ist die Zusammenarbeit aller lokalen AkteurInnen und EntscheidungsträgerInnen, um Inter-ventionen auf der Verhaltens- und auf der Verhältnisebene gut aufeinander abstimmen und nachhaltige Wirkungen erzielen zu können. Ein weiterer Schritt bestand daher in der Vernetzung von Expertinnen und Experten aller relevanten Anbieterorganisationen aus verschiedenen Sektoren (Sportorganisationen, Sozial- und Bildungseinrichtungen, Senioren-organisationen, städtischer Magistratsabteilungen wie Stadtplanung, Stadtgärten, Abteilung für Integration und Diversität, Presse- und Informationsdienst und des Fonds Soziales Wien mit dem Kontaktbesuchsdienst und der Wiener SeniorInnenbeauftragten, sowie VertreterInnen der Fachbereiche Medizin und Physiotherapie). Gemeinsam wurden konkrete Maßnahmen und Strategien erarbeitet, die nun mit dem „Wiener Aktionsplan zur Förderung von Bewegungs- und Sportaktivitäten älterer Menschen“ vorliegen[19]. In der letzten Projektphase bis Juni 2011 wurden erste Maßnahmen in Kooperation aller beteiligten Partnerinnen und Partner umgesetzt (Kolb et al. 2010).

5.3 Gesundheitsförderungsprojekte im Gemeindebau

Die Wohnform „Gemeindebau“ ist eng mit der Geschichte der Stadt Wien verbunden. Zwischen 1919 und 1934 wurden von den Sozialdemokraten aus einer Bettennot heraus die ersten Gemeindebauten in Wien geschaffen. Das Konzept des Gemeindebaus war ganzheitlich. Die Stadt Wien kaufte den Grund und machte lediglich 18% der Grundfläche zu Wohnfläche. Alle Wohnungen des Baus waren erstmals nicht von der Straße aus, sondern vom Hof aus zu betreten. Die restlichen 82% der Fläche wurden Grün- und Freiflächen – besonders den Innenhöfen – sowie Kindergärten, Apotheken und Waschsalons gewidmet. Es sollte eine kleine Stadt in der Stadt entstehen, in der das gesamte soziale Leben einer Person stattfinden könnte. Die Wohnungen hatten zum ersten Mal in der Geschichte Wiens eine Mindestgröße sowie Vorräume, Küche, Bad und WC in der Wohnung, was in den früheren Bassenawohnungen in

[19] http://www.wig.or.at/fileadmin/user_upload/DOWNLOAD/PASEO_Aktionsplan.pdf Stand 16.11.2011

Wien nicht üblich gewesen war. Neu war auch, dass jedes Zimmer extra belüftbar sein musste, d.h. dass jedes Zimmer mindestens ein Fenster hatte. Die Vergabe von Gemeindebauwohnungen erfolgt damals wie heute über ein Punktesystem. Seit 2006 ist die österreichische Staatsbürgerschaft nicht mehr Voraussetzung für den Zugang zu einer Gemeindewohnung in Wien. Die Wohnungen sind speziell für sozial Schwache gedacht und haben daher niedrige Mieten. Die Standorte wurden damals vor allem außerhalb des Gürtels gewählt, was die jetzige Lage der Gemeindebauten in den äußeren Bezirken Wiens erklärt.
Derzeit gibt es in Wien ca. 200.000 Gemeindewohnungen. Die Stadt in der Stadt ist ein ideales Setting für Gesundheitsförderung, da die Gemeindebauten mit ihren Gemeinschaftsräumen und ihrer Infrastruktur von Beginn an ganzheitlich, d.h. für alle Altersgruppen und Bedürfnisse von sozial Schwachen, gedacht waren und somit Raum geben für Maßnahmen der Gesundheitsförderung.
Der zweitgrößte Wiener Gemeindebau steht in Ottakring (Sandleitenhof). Der größte Bau ist der Karl Marx Hof im 19. Wiener Gemeindebezirk mit einer EinwohnerInnenzahl von ca. 5.000 Menschen und einer Länge von mehr als 1 Kilometer.
Projekte im Setting Gemeindebau haben selten Gesundheitsförderung als Kernthema. In Wien Floridsdorf wurde im Jahr 2006 eine Studie über Konflikte und Potenziale des Zusammenlebens im Gemeindebau durchgeführt (Reinprecht 2006). Die Ergebnisse besagen, dass es im Zusammenleben im Gemeindebau, insbesondere zwischen „Einheimischen" und Menschen mit ausländischer Herkunft, häufig zu Konflikten kommt, die aus dem gemeinsamen Alltag entstehen wie z.B. die Nutzung der Höfe, der Lärm von Kindern und Jugendlichen oder lauter Musik, Essensgerüche etc. Die Studie spricht aber auch von einer hohen Bereitschaft, über diese Konflikte miteinander zu reden und identifiziert ein hohes Potenzial für Problemlösungen und große Bereitschaft, sich für Veränderungen einzusetzen. Um das Zusammenleben reibungsloser zu gestalten gibt es eine mehrsprachige Hausordnung, eine Ansprechperson für neue BewohnerInnen, Hoffeste oder andere Veranstaltungen, um Bräuche kennen zu lernen, einen Flohmarkt oder Einladungen der Nachbarschaft (Reinprecht 2006).

Im Folgenden werden drei Projekte im Setting Gemeindebau beschrieben:
Das bereits in 5.2 beschriebene Projekt **„sALTo"** ist generell auf die Zielgruppe der älteren Menschen ausgerichtet. Es fanden jedoch in zwei Vierteln in Favoriten und Donaustadt generationsverbindende und interkulturelle Bepflanzungen im Gemeindebau statt (Triester- und Quadenviertel). Dabei ging es nicht nur um das einmalige Anlegen eines Beetes, sondern auch um die nachhaltige und gemeinsame Betreuung des Beetes durch ein Kind und eine ältere Person.

Die „wohnpartner“ organisieren in Kooperation mit dem Wiener Schachverband von Mai bis September 2011 **„nachbarschaftliche Schachpartien“**[20] mit großen Schachfiguren in den Innenhöfen unterschiedlicher Wiener Gemeindebauten. Bei Bedarf gibt es Anleitung und Unterstützung durch professionelle SchachtrainerInnen. Bei den Schachpartien haben die TeilnehmerInnen zudem Gelegenheit, mit anderen SchachspielerInnen in der Wohnhausanlage engere nachbarschaftliche Kontakte zu knüpfen. Als weiterer positiver Effekt können sich aus den einzelnen Schachpartien regelmäßige Schachtreffen ergeben oder auch andere gemeinsame Interessen gefunden werden. Das Projekt hat nicht nur eine generationsübergreifende Wirkung, sondern wirkt auch sozialkapitalfördernd, diversity fördernd und arbeitet an einer Schnittstelle von körperlicher, geistiger und sozialer Gesundheit, indem es Bewegung, Gedächtnis und das gemeinsame Spielen in den Vordergrund rückt.

Dass Singen gesundheitsfördernde Wirkung hat, zeigte das Projekt „Silver Song Club“ aus Großbritannien. 2008 wurde in Wien als Projekt der „wohnpartner“ der erste **„Wiener Gemeindebauchor“** gegründet[21]. Dahinter stand die Idee, unterschiedliche Menschen durch die gemeinsame Sprache der Musik miteinander zu verbinden. Seither finden sich immer mehr Gemeindebaumieterinnen und -mieter zusammen um einmal wöchentlich zu singen. Es wird auch stimmliches Einzeltraining durch einen ausgebildeten Opernsänger angeboten, der als Tenor auch im Chor mitsingt und auch öffentliche Auftritte des Gemeindebauchors organisiert. In Ottakring gibt es bisher keinen Gemeindebauchor. Im Rahmen des Projektes Gesundes Ottakring könnte auch in Ottakring ein Gemeindebauchor initiiert werden.

5.4 Gesundheitsförderungsprojekte für Kinder und Jugendliche

Der städtische Lebensraum ist gekennzeichnet durch Vielfältigkeit, Komplexität und Dynamik. Im Laufe ihrer Entwicklung stehen junge Menschen einer Vielzahl von Anforderungen gegenüber, deren Bewältigung von unterschiedlichen Faktoren beeinflusst werden, wie zum Beispiel das soziale Umfeld, die Familie, Freundinnen und Freunde oder Menschen im direkten Wohnumfeld. Kinder und Jugendliche, die in städtischen Räumen leben, verbringen viele Stunden ihrer Freizeit im öffentlichen Raum. Die Wohnverhältnisse in Ottakring sind meist sehr beengt. Junge Menschen haben häufig nur wenige Möglichkeiten, sich in den Wohnungen zu bewegen und ihre Freizeit dort zu gestalten. Daher ist der Stadtteil, insbesondere der Park, als wichtiger Sozialraum für junge Menschen ein ideales Setting für Gesundheitsförderung bei Kindern und Jugendlichen im außerschulischen Bereich.

---

[20] http://www.wohnpartner-wien.at/home/projekte/252 Stand 16.11.2011
[21] http://www.wohnpartner-wien.at/home/projekte/262 Stand 16.11.2011

Im Zuge der Recherche zur Zielgruppe Kinder und Jugendliche wurden zahlreiche Gesundheitsförderungsprojekte unterschiedlichster Größe (von Einzelmaßnahmen bis hin zu mehrjährigen Projekten) im Setting Stadtteil gefunden. Viele davon wurden in den Settings Kindergarten oder Schule durchgeführt. In der Stadt Salzburg entwickelt z.B. der Verein Spektrum stadtteilbezogene Projekte, die darauf abzielen das Sozialleben und die Gesundheit von jungen Menschen zu fördern (z.B. Produktion einer CD über einen benachteiligten Stadtteil; aufsuchende Jugendarbeit mit wissenschaftlicher Begleitung, mobiler Bus mit multimedialer Nutzung).

Ein aktuelles Projekt der Jugendzone 16, das zum Thema Gesundheitsförderung bei Jugendlichen in Ottakring durchgeführt wurde, heißt **„O T K ooking“**[22]. Kochen ist seit Jahren ein regelmäßiges Programmangebot in der Jugendzone 16, das von Anfang an sehr beliebt bei den Jugendlichen war. Gemeinsam zu kochen und gemeinsam an einem Tisch zu essen ist für viele der Jugendlichen in ihrer Lebensrealität nicht üblich. Mit der Zeit entwickelten die Jugendlichen ein immer größeres Interesse am kreativen Prozess des Kochens und damit verbundenen Themen wie gesunde Ernährung. Ausgehend davon entstand die Idee, eine Kochsendung zu produzieren. Während der dreiwöchigen Entwicklungsphase des Filmbeitrags setzten sich die Jugendlichen auch kritisch mit gesellschaftlichen Rollenbildern zum Thema Kochen und mit dem gesellschaftlichen Einfluss von Medien auseinander.

Zielgruppe des vom Fonds Gesundes Österreich geförderten Modellprojekts **„Gehsteig“**[23], das in Klagenfurt von 2002 bis 2006 durchgeführt wurde, waren Jugendliche im Alter von 14 bis 18 Jahren. Ziel war, durch partizipative Entwicklung von Angeboten für eine sinnvolle Freizeitgestaltung Gesundheitsbewusstsein (Gesundheitsförderung) bei Jugendlichen zu fördern und funktionelle Copingstrategien durch Selbstorganisation und Empowerment zu erarbeiten.
Der Zugang zu den Jugendlichen erfolgte im außerschulischen Bereich in Cafés, Jugendzentren und auf der Straße sowie auch in Hauptschulen, Berufsschulen und Polytechnischen Schulen. Die Umsetzung erfolgte in Form von insgesamt 24 Workshops mit max. je 15 Jugendlichen, in denen sich die Jugendlichen mit Themen wie Beziehung, Liebe und Sexualität, Umgang mit dem eigenen Körper, Risikoverhalten, soziale Kompetenzen, Zukunftsperspektiven und Lebensplanung kreativ auseinandersetzten. Die Inhalte wurden mithilfe unterschiedlicher Methoden wie Film, Fotografie, Theater, Durchführen von Interviews, Erarbeiten einer Radiosendung, Organisation von sozialen Projekten, Styling des Aussehens, Körperarbeit, Tanz, Sport, Musik sowie erlebnispädagogischen Erfahrungen erarbeitet. Der Genderaspekt

[22] http://typo.jugendzentren.at Stand 16.11.2011
[23] http://www.promente-kijufa.at/xedaq/src/uploads/docs/1219.pdf Stand 16.11.2011

wurde berücksichtigt, indem auch spezielle Workshops nur für Burschen und solche nur für Mädchen angeboten wurden. Die Evaluation des Projekts zeigte die stärkste positive Veränderung bei den Jugendlichen im Bereich der Selbstwirksamkeit, der Reduzierung des vermeidenden Copingverhaltens sowie bei der Bewältigung der Entwicklungsaufgabe „Aufbau eines Freundeskreises".

Kinder und Jugendliche als NutzerInnen von Freiflächen, Spielplätzen und anderen Räumen im Stadtteil sind ExpertInnen ihres individuellen Sozialraumes und wissen, wo es Potenziale und Barrieren in ihrem Wohnumfeld gibt. Wenn sich Kinder und Jugendliche bewusst in ihrem eigenen Wohnumfeld bewegen und dabei Schätze, aber auch Probleme im Lebensraum entdecken und diese dokumentieren, setzen sie sich maßgeblich mit Belastungen und Ressourcen in ihrem nahen Wohnumfeld auseinander. Die beschriebene Methode wird in Deutschland bereits in einigen Städten (z.B. Berlin, Stendal, Magdeburg) umgesetzt und als „**Kiezdetektive**" oder „**Stadtdetektive**"[24] bezeichnet. Die Potenziale und Einschränkungen der erkundeten Räume werden im Rahmen einer Konferenz Stadtratsmitgliedern präsentiert. Ziel ist es, Kinder zu befähigen, ihr Lebensumfeld selbständig zu erforschen, zu verstehen und zu hinterfragen und sich dadurch an der Gestaltung des individuellen Lebensumfeldes aktiv zu beteiligen (Geene et al. 2009, S. 65). Im Idealfall übernehmen Stadträte die Verantwortung für einzelne Maßnahmen und setzen sie gemeinsam mit den Kindern und Jugendlichen um. Zur Sicherstellung der Nachhaltigkeit im Projekt werden jugendliche TeamleiterInnen ausgebildet, welche Stadtdetektiv-begehungen mit jüngeren Kindern durchführen.

5.5 Transfer für Gesundes Ottakring

Bei der Zielgruppe der älteren Menschen können folgende Erfahrungen der beschriebenen Projekte auf das Projekt Gesundes Ottakring übertragen werden: Das Projekt „Aktiv ins Alter!" hat Potenziale und Barrieren für aktives Altern im unmittelbaren Lebensumfeld älterer Menschen im Rahmen persönlicher Kontakte erhoben und gemeinsam individuelle Lösungen mit den älteren Menschen erarbeitet. Dieser Ansatz wird auch im Projekt Gesundes Ottakring gewählt. Bei der Umsetzung der Gesundheitsförderungsmaßnahmen werden die Erfahrungen mit niederschwelliger Aktivierung genutzt. Die in „sALTo" entwickelten Werkzeuge wie das „sALTo-Vitalbild" und das „Gender-Netz" werden auch im Projekt Gesundes Ottakring Anwendung finden. Die in diesem Projekt entstandenen „Ideen zum Weiterdenken" werden als Anregung für die Maßnahmenentwicklung mit den SeniorInnen angewendet. Der Ansatz von „sALTo", gesundheits- und stadtplanerische Tätigkeitsfelder zusammenzuführen, wird im Projekt Gesundes Ottakring als Perspektive für die Planung und Umsetzung von

[24] http://www.kinderstaerken-ev.de Stand 16.11.2011

Gesundheitsförderungsmaßnahmen im Stadtteil angedacht. Die Ergebnisse der im Projekt „PASEO“ durchgeführten Erhebung in Bezug auf die Anforderungen an Bewegungsangebote aus Sicht der älteren Menschen, den Zugang zu Bewegungs-aktivitäten, die sich gut in den Alltag integrieren lassen, und die Gestaltung von Bewegungsmöglichkeiten im unmittelbaren Wohnumfeld älterer Menschen fließen in die Maßnahmenplanung von Gesundes Ottakring ein.

Für die Maßnahmenplanung im Teilprojekt Gesunder Gemeindebau knüpft das Projekt Gesundes Ottakring an die Erfahrungen der „wohnpartner“ an. Das gemeinsame Spielen öffnet einen Kommunikationsraum, der den Austausch mit anderen erleichtert und die Möglichkeit schafft, sich mit Neuem auseinanderzusetzen. Es ist geplant, ein „Gesundheits(förderungs)spiel“ zu entwickeln, das auf spielerische Weise zur Auseinandersetzung mit der eigenen Gesundheit anregen und Wissen zu Gesundheitsthemen vermitteln soll. Das Spiel besteht aus verschiedenen Elementen (Bewegungsaufgaben, Quizfragen, Aufgaben, die nur in der Gruppe zu lösen sind) und könnte ähnlich wie das Schachspiel in Kooperation mit den „wohnpartnern“ in Innenhöfen im Gemeindebau angeboten werden. Als Initiative zum Thema Freude am Singen – Harmonie im Gemeindebau könnte auch in Ottakring ein Chor initiiert werden.

Für die Zielgruppe der Kinder und Jugendlichen wird die Erfahrung des Projekts „O T K ooking“ der Jugendzone 16 in die Gestaltung der Gesundheitsaktivitäten einfließen. Die Anwendung von innovativen Methoden, wie die Produktion eines Videos, bietet eine Möglichkeit den jungen Menschen Gesundheitsthemen „schmackhaft“ zu machen. Der Zugang zu sozial benachteiligten Kindern und Jugendlichen wird so wie im Projekt „Gehsteig“ über entsprechende Vereine und Einrichtungen im Bezirk gewählt. Die Erfahrungen dieses Projekts bei der Erarbeitung von gesundheitsbezogenen Inhalten mit kreativen Methoden im Rahmen der Workshops für junge Menschen werden auch bei der Maßnahmenplanung von Gesundes Ottakring miteinbezogen. Vom Projekt „Kiezdetektive“ oder „Stadtdetektive“ kann für Gesundes Ottakring die Herangehensweise an sozial benachteiligte Kinder und Jugendliche übernommen werden. Durch den Zugang zu Kindern und Jugendlichen über entsprechende Vereine und Einrichtungen im Bezirk haben junge Menschen mit unterschiedlicher sozialer und kultureller Herkunft die Möglichkeit ihren unmittelbaren Lebensraum zu erforschen und ihr Wohnumfeld mit zu gestalten.

6 ABLEITUNG VON SCHLÜSSEN FÜR DAS PROJEKT „GESUNDES OTTAKRING“

6.1 Grätzel-Selektion auf Basis der Ergebnisse

Aufgrund der Alterstruktur, der ethnischen Zusammensetzung und des sozialen Status der im gürtelnahen Bereich lebenden Bevölkerung Ottakrings kann davon ausgegangen werden, dass in diesem Gebiet eine hohe gesundheitliche Belastungssituation gegeben ist (siehe Kapitel 3.2.1). In diesem Wohngebiet liegen außerdem hohe strukturelle Belastungen vor (siehe Kapitel 3.2.2 und 4.4.1), denen gleichzeitig wenig externe Bewältigungsressourcen und Erholungsmöglichkeiten (siehe Kapitel 4.5) gegenüber stehen.
Die Schwerpunkte in der Maßnahmenplanung und Durchführung von Einzelprojekten werden daher in den Zählbezirken 1, 2 und 10 sowie in Teilen der Zählbezirke 3 und 4 gesetzt.

6.2 Zielgruppen und Settingdefinition

Die Ergebnisse der Analyse weisen auf folgende Schwerpunktzielgruppen hin:

Jugendliche erwiesen sich als mehrfach belastete Zielgruppe (Einschränkungen durch die finanziell beengte Situation der Familien, ungesunde Ernährungsgewohnheiten, Einschränkungen der Bewegungsmöglichkeiten bei Mädchen, Zukunftsängste aufgrund der schwierigen Ausbildungs- bzw. Arbeitssituation) (siehe Kapitel 4.4 und 4.6).

Als Gesundheitsbelastungen wurden auch Konflikte im sozialen Zusammenleben genannt. Gesundheitsförderungsmaßnahmen werden daher auch mit der Zielgruppe der BewohnerInnen von Gemeindebauten im Setting Gemeindebau entwickelt und umgesetzt.

Zur Situation der älteren Menschen gab es in den Interviews wenig Aussagen. Das spiegelt die Lebenssituation dieser Zielgruppe wider. Zentrale Belastungsfaktoren bei älteren Menschen sind die eingeschränkte körperliche und soziale Mobilität. Die Gesundheitsförderungsmaßnahmen im Projekt werden dort ansetzen.

Als wesentliches Setting ergibt sich aufgrund der Analyseergebnisse primär das unmittelbare Wohnumfeld der Zielgruppen. Kinder und Jugendliche und ältere Menschen können über das Setting Park erreicht werden. Der Zugang zu älteren Menschen wird auch über Pensionistenklubs und das Nachbarschaftszentrum 16 gewählt.

6.3 Bedarf an Gesundheitsförderungsmaßnahmen – Ansatzpunkte für die Umsetzung

Die aus der Analyse der Einflussfaktoren auf die Gesundheit der Ottakringer Bevölkerung resultierenden Ansatzpunkte für die Umsetzung von Gesundheitsförderungsmaßnahmen werden im folgenden Kapitel für jede Zielgruppe dargestellt.

Zielgruppe Ältere Menschen

Die gesundheitlichen Belastungen und Ressourcen älterer Menschen sind stark von ihrem Gesundheitszustand und dem Ausmaß altersbedingter Beeinträchtigungen abhängig. Die Zielgruppe der älteren Menschen teilt sich daher in Bezug auf die Entwicklung von bedarfsgerechten Gesundheitsförderungsmaßnahmen in die Gruppen der unter 80-jährigen und der über 80-jährigen SeniorInnen.

Die Wiener Gesundheitsförderung unterstützt kleine Initiativen und Aktivitäten im Grätzel durch die Aktion „Mein gesundes Grätzel. Aktiv in Wien“. In Kooperation mit dem Nachbarschaftszentrum 16 werden jüngere SeniorInnen angeregt, Aktivitäten in diesem Rahmen zu initiieren und damit auch weniger aktive, aber noch mobile SeniorInnen anzusprechen.

Bei der Gruppe der über 80-jährigen ist altersbedingt eine Verringerung der Mobilität zu beobachten. Die Bewältigung des Alltags rückt immer mehr in den Mittelpunkt. Mit dieser Gruppe von SeniorInnen werden gesundheitsfördernde Aktivitäten im unmittelbaren Wohnumfeld entwickelt und umgesetzt, die gut in den persönlichen Alltag integriert werden können. Der Zugang zu diesen SeniorInnen erfolgt über einen Pensionistenklub in Ottakring.

Gesundheitsvorsorge für ältere MigrantInnen wird von den ExpertInnen in Ottakring als wichtiges Thema eingeschätzt. Armut und die schwierige soziale Lage dieser Bevölkerungsgruppe wirken sich auf ihre Gesundheit aus. Ältere MigrantInnen haben einen hohen Bedarf an Versorgungsleistungen, allerdings ist ihr Zugang zur Versorgung schlecht. Für diese Gruppe von SeniorInnen werden in Kooperation mit dem Nachbarschaftszentrum 16 im Rahmen der Deutsch-Konversationsgruppen Workshops zu Gesundheitsthemen angeboten.

In den Interviews mit ExpertInnen wurden die Parks häufig als Orte der Bewegung genannt. Allerdings unterliegen vor allem die Parks in den gürtelnahen Gebieten einem hohen Nutzungsdruck und werden durch sehr unterschiedliche BewohnerInnengruppen des umliegenden Grätzels in Anspruch genommen. SeniorInnen besuchen diese Parks nur selten. Im Rahmen von Gesundes Ottakring wird mit SeniorInnen überlegt, wie Parks in ihrem nahen Wohnumfeld gestaltet sein müssten, dass sie gerne hingehen würden und in welcher Form sie Parks gerne für sich nützen würden.

Zielgruppe Jugendliche

Für junge Menschen sind die Auswirkungen eines wenig gesundheitsförderlichen Verhaltens noch nicht spürbar. Gesundheit ist für sie kein Thema. Das Medium für die Auseinandersetzung mit Gesundheit muss für die Jugendlichen daher interessant sein, um sie für Projekte zu diesem Thema interessieren zu können. Mangelndes Wissen über gesunde Ernährung wird von den InterviewpartnerInnen als wesentlicher Faktor für das wenig gesundheitsbewusste Ernährungsverhalten wahrgenommen. In Kooperation mit Back on stage (Mobile Jugendbetreuung) wurden einige Projektideen entwickelt. Start der Umsetzung ist im Herbst 2011 mit dem Projekt „Gesundheitsrap". Jugendliche setzen sich mit ihrem Gesundheitsverständnis auseinander und schreiben einen Rap dazu. Es ist die Produktion einer CD und eine Aufführung im Rahmen einer Veranstaltung geplant.

Weitere Ideen waren z.B. die Erarbeitung und kreative Gestaltung eines gesunden Kochbuchs, eine Fotodokumentation des eigenen Lebensumfelds als Basis für eine Auseinandersetzung mit Gesundheitspotenzialen im persönlichen Umfeld oder die Entwicklung einer Choreographie und Tanz-Performance zum Thema „Meine Umwelt und ich" unter Anleitung einer Tanzpädagogin. Die Projektideen werden je nach Thema zum Teil getrennt nach Geschlechtern entwickelt und umgesetzt.

Im Bereich der seelischen Gesundheit wurde in der qualitativen Erhebung mehrfach die schwierige Situation am Übergang zwischen Pflichtschule und weiterführender Ausbildung bzw. Beruf genannt, die bei den Jugendlichen Versagensängste, Perspektivlosigkeit und Zukunftssorgen auslöst. In Kooperation mit dem Nachbarschaftszentrum 16 und dem Verein Wiener Jugendzentren wurde ein Konzept zur Unterstützung von sozial benachteiligten Jugendlichen durch Mentoring in dieser Phase erarbeitet. Die Umsetzung startet mit Herbst 2011.

Zielgruppe BewohnerInnen von Gemeindebauten

Konflikte im sozialen Umfeld und in der Familie werden in den Interviews als wichtige Einflussfaktoren für seelische Gesundheit genannt. Die Bevölkerung Ottakrings ist sehr heterogen, der Anteil von MigrantInnen liegt mit ca. 27% über dem Wiener Durchschnitt. Auch die Kommunikation zwischen den Generationen wird oft als schwierig beschrieben. Die „wohnpartner" bieten durch das Angebot des gemeinsamen Spielens in den Innenhöfen von Gemeindebauten Gelegenheit, sich besser kennenzulernen und engere nachbarschaftliche Kontakte zu knüpfen. Über diesen Weg gelingt es, gegenseitige Vorbehalte zu überdenken bzw. abzubauen und eine zufriedenstellende Kommunikation miteinander zu entwickeln. Aufbauend auf den Erfahrungen der „wohnpartner" entwickelt Gesundes Ottakring ein

„Gesundheits(förderungs)spiel", das verschiedene Elemente beinhalten wird wie Bewegungsaufgaben, Quizfragen zum gesunden Lebensstil und Aufgaben, die nur miteinander in der Gruppe zu lösen sind. Dieses Spiel wird in Kooperation mit den „wohnpartnern" bei Aktionen im Gemeindebau angeboten.

Außerdem ist geplant, im Rahmen von einer Mieterbeiratssitzung einen Ideenwettbewerb zur gesunden Gestaltung des Zusammenlebens im Gemeindebau zu organisieren und zu Aktivitäten im Rahmen von „Mein gesundes Grätzel. Aktiv in Wien" anzuregen.
Die Abstimmung von Gestaltungsideen für das Zusammenleben im Gemeindebau ist oft schwierig, da viele unterschiedliche Interessen berücksichtigt werden müssen. Innovative Ideen scheitern daher manchmal an der schwierigen Entscheidungsfindung. Gesundes Ottakring wird mit Unterstützung der wohnpartner ein Modell eines/r „Gesundheits-beauftragten" für den Gemeindebau erproben, der / die AnsprechpartnerIn für Themen im Bereich der Gesundheit ist und die Umsetzung von Ideen zur Gestaltung gesundheits-förderlicher Maßnahmen begleiten kann.

Die systematische Analyse der Einflussfaktoren auf Gesundheit anhand des Modells von Andreas Mielck zeigte den Zusammenhang zwischen der sozialen Lage der Bevölkerung und ihrem Gesundheitsstatus auf und ermöglichte die Konzeption von bedarfsgerechten und passgenauen Maßnahmen. Damit bildet sie die Basis einer dem Bedarf entsprechenden Projektplanung und dient als Instrument zur kontinuierlichen Überprüfung der Effektivität der Maßnahmen während der gesamten Projektlaufzeit.

7 LITERATURVERZEICHNIS

Altgeld, Thomas, 2005: Gemeinsame Herausforderungen von Kriminal-, Sucht- und gesundheitsbezogener Prävention – Sozialraumorientierte Präventionsarbeit mit Kindern und Jugendlichen in benachteiligenden Stadtteilen. In: *Berlin, Regiestelle E&C der Stiftung Sozialpädagogisches Institut* (Hg.): Sozialraumorientierte Präventionsarbeit mit Kindern und Jugendlichen in benachteiligenden Stadtteilen. Dokumentation der Konferenz vom 17. und 18. Oktober 2005. Berlin: Regiestelle E&C der Stiftung Sozialpädagogisches Institut Berlin. S. 11-18.

Augustin, Helmut und Birgit Binder, 2008: Räumliche Zusammenhänge von baulicher Dichte und öffentlichem Verkehr in Wien. Wien: MA 18, Stadtentwicklung und Stadtplanung.

Bauer, Frank, Hermann Groß, Klaudia Lehmann und Eva Munz, 2004: Arbeitszeit 2003. Arbeitszeitgestaltung, Arbeitsorganisation und Tätigkeitsprofile. City: Institut zur Erforschung sozialer Chancen.

Biffl, Gudrun und Thomas Leoni, 2008: Arbeitsbedingte Erkrankungen. Schätzungen der gesamtwirtschaftlichen Kosten mit dem Schwerpunkt auf physischen Belastungen. Wien: Österreichischen Instituts für Wirtschaftsforschung im Auftrag der Kammer für Arbeiter und Angestellte.

Deinet, Ulrich und Richard Krisch, 2002: Der sozialräumliche Blick der Jugendarbeit. Methoden und Bausteine zur Konzeptentwicklung und Qualifizierung. Opladen: Verlag Leske und Budrich.

Dragano, Nico, Thomas Lampert und Johannes Siegrist, 2009: Wie baut sich soziale Ungleichheit im Lebenslauf auf. München: Sachverständigenkommission des 13. Kinder- und Jugendberichts.

Ehrenstrasser, Elisabeth, 2006: Lokale Agenda 21-Prozesse – Handlungsvorschläge zur Weiterführung in Wien. Wien: Universität Wien.

Fichtinger, Madeleine, 2010: Österreichische Volksbildung im 20. Jahrhundert unter besonderer Bedachtnahme von Hans Kelsen und Volksbildung am Beginn des 21. Jahrhunderts im europäischen Österreich. Eine vergleichende Darstellung. http://othes.univie.ac.at/8289/1/2010-01-12_9271437.pdf (16.11.2011)

Freidl, Wolfgang, Willibald-Julius Stronegger und Christine Neuhold, 2001: Gesundheit in Wien. Wiener Gesundheits- und Sozialsurvey. Wien: Magistrat der Stadt Wien. Bereichsleitung für Gesundheitsplanung und Finanzmanagement. Gesundheitsberichterstattung.

Fröschl, Karin, 2010: "Sag mir, wo Du wohnst, und ich sage Dir, wer Du bist". Wohnen als Statusrepräsentation – eine Analyse der Bewertung Wiener Bezirke nach ihrem Image. Wien: Universität Wien.

Früchtel, Frank, Gudrun Cyprian und Wolfgang Budde (Hg.), 2010: Sozialer Raum und Soziale Arbeit. Textbook: Theoretische Grundlagen. Wiesbaden: VS Verlag für Sozialwissenschaften.

Fuß, Susanne, 2009: Soziodemografische, sozioökonomische und persönlichkeitsbezogene Einflussfaktoren auf die psychosoziale Versorgung im Krankenhaus – Eine empirische Analyse auf der Grundlage des Kölner Patientenfragebogens (KPF). Inauguraldissertation der Wirtschafts- und Sozialwissenschaftlichen Fakultät. Köln: Universität Köln.

Geene, Raimund, Andrea Möllmann und Ina Wlodasch, 2009: Gesunde Schule, gesunde Kita, gesunder Stadtteil – Der Setting-Ansatz der Gesundheitsförderung. In: *Geene, Raimund und Carola Gold* (Hg.): Kinderarmut und Kindergesundheit. Bern: Verlag Hans Huber. S. 47-69.

Göpel, Eberhard, 2004: Kommunale Gesundheitsförderung. Gesundheit gemeinsam gestalten 2. Frankfurt/Main: Mabuse Verlag.

Göpel, Eberhard, 2008: Systemische Gesundheitsförderung. Gesundheit gemeinsam gestalten 3. Frankfurt/Main: Mabuse Verlag.

Häberlin, U.W., B. Binder und J. Gielge, 2009: Soziale Veränderungsprozesse im Stadtraum. Wien: MA 18, Stadtentwicklung und Stadtplanung.

Hauswirth, Rainer und Johannes Gielge, 2010: Neudefinition der Gebietstypen. Wien: MA 18, Stadtentwicklung und Stadtplanung.

Hertzsch, Wencke, 2010: Wie kann mit Planung den Integrationsanforderungen im öffentlichen Raum begegnet werden. In: Forum Wohnen und Stadtentwicklung 2/2010: S. 89-92.

Holzhacker, Christian, 2010: Expedition JugendZone. Sozialraumanalyse Wien – Ottakring. Wien: Jugendzone 16.

Janßen, Daniela und Friedhelm Nachreiner, 2004: Flexible Arbeitszeiten. Dortmund, Berlin, Dresden: Schriftenreihe der Bundesanstalt für Arbeitsschutz und Arbeitsmedizin.

Kolb, Michael, Christina Steininger, Ursula Hübel und Rosa Diketmüller, 2010: PASEO – Bewegts Altern in Wien. Wiener Aktionsplan zur Förderung von Bewegungs- und Sportaktivitäten älterer Menschen. Wien: Eigenverlag.

Krisch, Richard (Hg.), 2009: Sozialräumliche Methodik der Jugendarbeit – Aktivierende Zugänge und praxisleitende Verfahren. Weinheim und München: Juventa Verlag.

Kuhlmann, Andrea und Katrin Koch, 2009: Gesundheitsförderung und Prävention für ältere Menschen im Setting Kommune. Kurz-Expertise. Dortmund: Bundesministerium für Gesundheit.

Lampert, Thomas und Lars E Kroll, 2006: Messung des sozioökonomischen Status in sozialepidemiologischen Studien. In: *Richter, Matthias und Klaus Hurrelmann* (Hg.): Gesundheitliche Ungleichheit. Grundlagen, Probleme, Perspektiven. Wiesbaden: VS Verlag für Sozialwissenschaften. S. 297-319.

Löw, Martina, Silke Steets und Sergej Stoetzer, 2008: Einführung in die Stadt- und Raumsoziologie. Opladen & Farmington Hills: Verlag Barbara Budrich.

Magistratsabteilung 13, Bildung und außerschulische Jugendbetreuung, 2009: Grundkonzept der Wiener Parkbetreuung. http://www.wien.gv.at/freizeit/bildungjugend/pdf/wpb-gesamt.pdf (16.11.2011)

Mielck, Andreas, 2000: Soziale Ungleichheit und Gesundheit: Empirische Ergebnisse, Erklärungsansätze, Interventionsmöglichkeiten. Bern: Verlag Hans Huber.

Mielck, Andreas, 2004: Soziale Ungleichheit in der gesundheitlichen Versorgung: Argumente gegen die Überbetonung des Gesundheitsverhaltens. In: *Rehberg, Karl-Siegbert* (Hg.): Soziale Ungleichheit, kulturelle Unterschiede: Verhandlungen des 32. Kongresses der Deutschen Gesellschaft für Soziologie in München Frankfurt am Main. S. 975-990.

Mielck, Andreas, 2005: Soziale Ungleichheit und Gesundheit – Einführung in die aktuelle Diskussion. Bern: Verlag Hans Huber.

Nachtigall, Ingrid, 2008: Funktion - Struktur - Verteilung: Stadtsoziologische Analyse der Einzelhandels- und Dienstleistungsstruktur des Wiener Brunnenviertels. Wien: Universität Wien.

Naegele, Gerhard, 2004: Präventionspotenziale stärken – Aspekte einer altersbezogenen Gesellschaftspolitik". Bericht zum Vortrag des 1. Kongresses des Deutschen Forums Prävention „Gesellschaft mit Zukunft – Altern als Herausforderung für Prävention und Gesundheitsförderung" am 29. und 30.4.2004. Berlin: Deutsches Forum Prävention und Gesundheitsförderung.

Novy, Andreas, Miriam Grundler, Carla Küffner, Marion Noack, Teresa Steinhäusler und Camillo Stubenberg, 2009: Dialog und Konflikt der Kulturen. Forschungsprojekt "Space Invaders" im Rahmen des Kooperationsprojektes Hauptschule trifft Hochschule. http://ungleichevielfalt.at/documents/Seminararbeit%20Space%20Invaders.pdf (16.11.2011)

Nutbeam, Don und Elizabeth Harris, 2001: Theorien und Modelle der Gesundheitsförderung. Eine Einführung für Praktiker zur Veränderung des Gesundheitsverhaltens von Individuen und Gemeinschaften. Gamburg: Verlag für Gesundheitsförderung.

Reinprecht, Christoph, 2005: Aktiv ins Alter! Publikumsbericht. Ergebnisse und Perspektiven. Anregungen für die Gesundheitsförderung älterer Menschen in der Großstadt. Wien: Institut für Soziologie der Universität Wien und Wiener Sozialdienste.

Reinprecht, Christoph, 2006: BewohnerInnenbefragung Wien Floridsdorf. Karl-Seitz-Hof, Dr. Franz Koch Hof, Wohnhausanlage Siemensstraße. Tabellenband. Wien: Institut für Soziologie der Universität Wien.

Richter, Matthias und Klaus Hurrelmann, 2006: Gesundheitliche Ungleichheit. Grundlagen, Probleme, Perspektiven. Wiesbaden: VS Verlag für Sozialwissenschaften.

Rosenbrock, Rolf, 2008: Gesundheitspolitik und gesundheitliche Ungleichheit. Tagung (Un)gleich der OÖGKK. Linz.

Rosenbrock, Rolf, 2009: Gesundheit und Gerechtigkeit. In: *Wesenauer, Andrea und Sarah Sebinger* (Hg.): Soziale Ungleichheit und Gesundheit. Gesundheitliche Versorgung und Gesundheitsförderung – eine Frage der sozialen Gerechtigkeit. Frankfurt am Main: Mabuse-Verlag GmbH. S. 9-24.

Schenk, Martin, 2004: Armut kann ihre Gesundheit gefährden. Abbau von Ungleichheit – eine „neue" Herausforderung der Gesundheitspolitik. Wien: Diakonie.

Schenk, Martin, 2008a: Armut macht krank. Aktuelle Befunde aus Österreich. In: Aus:blicke 12/28: S. 10-11.

Schenk, Martin, 2008b: Risikolagen und Folgen von Armut. In: WISO 3/31: S. 192-208.

Spicker, Ingrid und Gert Lang, 2010: Kommunale Gesundheitsförderung mit Fokus auf ältere Menschen. Argumente, Maßnahmen und Vorgehensweisen. Wien: Fonds Gesundes Österreich.

Stadt Wien, 2004: Migrantinnen. Zur gesundheitlichen Situation von Migrantinnen in Wien. http://www.frauengesundheit-wien.at/downloads/dokumente/factsheets/migrantinnen.pdf (21.03.2011).

Stadt Wien (Hg.), 2009: Wiener Lebensqualitätsstudien. Sozialwissenschaftliche Grundlagenforschung für Wien 2008. Zusammenfassender Bericht. Wien: MA 18 Stadtentwicklung und Stadtplanung.

Stadt Wien (Hg.), 2010a: Soziale Veränderungsprozesse im Stadtraum. Wiener Sozialraumanalyse mit Vertiefung in acht ausgewählten Stadtvierteln. Wien: MA 18 Stadtentwicklung und Stadtplanung.

Stadt Wien, 2010b: Serviceteil Psychiatrische und psychosoziale Einrichtungen. Wien: Magistratsabteilung 24, Gesundheits- und Sozialplanung.

Stadt Wien, 2011: Zählbezirke (mit Nummern), Zählgebiete und Baublöcke des 16. Wiener Gemeindebezirks. Wien: MA 21A - Stadtteilplanung und Flächennutzung.

Stadt Wien MA 18 Stadtentwicklung und Stadtplanung (Hg.), 2006: Integration im öffentlichen Raum. Wien: MA 18 Stadtentwicklung und Stadtplanung.

Stadt Wien MA 18 Stadtentwicklung und Stadtplanung (Hg.), 2008: Neuinterpretation öffentlicher Raum. Eine Studienreihe für die Wiener Bezirke. Wien: MA 18 Stadtentwicklung und Stadtplanung.

Stanzl, Peter und Susanne Guld, 2010: Wiener Sozialbericht. http://www.wien.gv.at/gesundheit/einrichtungen/planung/pdf/sozialbericht-2010.pdf 16.11.2011

Statistik Austria, 2008: Sozio-demographische und sozio-ökonomische Determinanten von Gesundheit. Auswertungen der Daten aus der Österreichischen Gesundheitsbefragung 2006/2007. Wien.

Statistisches Jahrbuch der Stadt Wien, 2009a: Demografische Indikatoren (Stadtgebiete) 2005-2008. http://www.wien.gv.at/statistik/staedtevergleiche/international/index.html (16.11.2011)

Statistisches Jahrbuch der Stadt Wien, 2009b: Lebensraum Wien.

Statistisches Jahrbuch der Stadt Wien, 2009c: Stadtplan. www.wien.at/stadtplan (16.11.2011)

Statistisches Jahrbuch der Stadt Wien, 2009d: Bezirksporträts. Wien: Stadt Wien.

Statistisches Jahrbuch der Stadt Wien, 2010: Bezirksporträts. Wien: Stadt Wien.

Stehr, Johannes, 2000: Ressourcenarbeit statt Anpassungsdruck. Dimensionen einer adressatenorientierten Qualitätsentwicklung und Qualitätssicherung in der Jugendberufshilfe. Endbericht der wissenschaftlichen Begleitung der „Jugendwerkstatt Hanau e. V. Offenbach (Main).

Verein Wiener Jugendzentren, 2006a: Arbeitsschwerpunkte / Offene Kinder- und Jugendarbeit. http://typo.jugendzentren.at/vjz/fileadmin/pdf_downloads/pdf_f_experts/Qual_der_offenen_Kinder_kopie2.pdf (16.11.2011)

Verein Wiener Jugendzentren, 2006b: Qualitätsmerkmale der Mobilen Jugendarbeit. Wien: Verein Wiener Jugendzentren.

Verein Wiener Jugendzentren, 2006c: Qualitätsmerkmale der mobilen Jugendarbeit. http://typo.jugendzentren.at/vjz/fileadmin/pdf_downloads/pdf_f_experts/Qual_der_moblien_jugendarbeit_kopie_.pdf (16.11.2011)

Waldrauch, Harald, Karin Sohler und Bernhard Perchinig, o.J.: MigrantInnenvereine in Wien. Wien: Europäisches Zentrum für Wohlfahrtspolitik und Sozialforschung, Wiener Integrationsfonds MA 57, Arbeiterkammer Wien.

WHO, 1986: Ottawa Charta für Gesundheitsförderung. Genf: Weltgesundheitsorganisation.

Winkler, Britta, 2004: Verbesserung des subjektiven Wohlbefindens, der Kontrollüberzeugung und der Zukunftsperspektive sozial benachteiligter Jugendlicher durch den Erwerb von Computerkenntnissen. Bern: Universität Bern.

Wolf, Christof, 2008: Psychosozialer Stress und Gesundheit. Belastungen durch Erwerbsarbeit, Hausarbeit und soziale Beziehungen. In: *Wendt, Claus und Christof Wolf* (Hg.): Soziologie der Gesundheit. Wiesbaden: Verlag für Sozialwissenschaften. S. 158-176.

Wright, Michael, Martina Block und Hella Von Unger, 2007: Stufen der Partizipation in der Gesundheitsförderung. In: *Gesundheit Berlin* (Hg.): Dokumentation 13. bundesweiter Kongress Armut und Gesundheit. Berlin: Gesundheit Berlin. S. 1-5.

8 Anhänge

8.1 Abbildungsverzeichnis

8.2 Gesundheitsversorgung in Ottakring

8.2.1 Einrichtungen und Unternehmungen der Stadt Wien

MA 15 Gesundheitsdienst der Stadt Wien

Bezirksgesundheitsamt Ottakring

Neben ihren behördlichen Funktionen bieten die Bezirksgesundheitsämter Impfungen und Beratung zu medizinischen Fragen an.

Elternberatungsstelle

Ärztliche, sozialpädagogische und sozialarbeiterische Beratung zur Betreuung des Kindes aus medizinischer und sozialmedizinischer Sicht, zu Pflege und Ernährung des Kindes (zum Beispiel Stillberatung), zur Entwicklung des Kindes und Impfvorsorge werden angeboten.

Auf Wunsch werden Untersuchungen nach dem Mutter-Kind-Pass durchgeführt. Es wird auch Elternberatung mit DolmetscherInnen auf Bosnisch, Kroatisch, Serbisch und Türkisch angeboten.

MA 40 Soziales, Sozial- und Gesundheitsrecht

Sozialzentrum für den 16., 17. und 18. Bezirk:

Das Sozialzentrum bietet für Menschen in schwierigen Lebenssituationen Unterstützung in Form von finanzieller Hilfe (Mindestsicherung und Hilfe in besonderen Lebenslagen) sowie sozialarbeiterische Beratung und Betreuung an.

MA 11 Kinder, Jugend und Familie

Regionalstelle Soziale Arbeit mit Familien für den 16. Bezirk

Die Regionalstellen verstehen sich als erste Anlaufstellen für Kinder, Jugendliche und Familien in schwierigen Lebenssituationen. Sie bieten auf der Basis des Wiener Jugendwohlfahrtsgesetzes (WrJWG) Beratung und Unterstützung für Familien an. Wenn es erforderlich ist, werden auch Sofortmaßnahmen zum Schutz von Kindern und Jugendlichen durchgeführt. In der Regionalstelle 16 werden auch Aktivitäten zur Gesundheitsförderung gesetzt, wie z.B. gesunde Ernährung für sozial benachteiligte Familien (Kochkurs).

Eltern-Kind-Zentrum

SozialarbeiterInnen, SozialpädagogInnen und PsychologInnen bieten umfassende Informationen, Hilfestellung und Unterstützung zu Themen wie: Vorbereitung auf Geburt und Elternschaft, Strukturierung des neuen Alltags mit dem Baby, Leben mit den Kindern, Bewältigung schwieriger Erziehungssituationen, Erarbeiten tragfähiger Lösungen in Partnerschaftskonflikten.

- Psychosomatik- und Familienberatung im Eltern-Kind-Zentrum:
  Ausgebildete Familienberaterinnen und Familienberater bieten professionelle Hilfe und Unterstützung im Umgang mit psychosomatischen Beschwerden. Die Beratung ist kostenlos, auf Wunsch auch anonym.
- Psychologischer Dienst im Eltern-Kind-Zentrum
  Psychologinnen und Psychologen der MAG ELF bieten Beratung bei Erziehungsfragen, klinisch-psychologische Diagnostik, Förderprogrammen für Kinder sowie Hilfestellung bei familiären Problemen und in Trennungssituationen.

Sozialpädagogische Einrichtungen – Region VI

- Krisenzentrum Rosa Luxemburggasse
  Kinder zwischen 3 und 15 Jahren können dort für 6 bis 8 Wochen bleiben. In dieser Zeit werden gemeinsam mit der SozialarbeiterIn des Amtes für Jugend und Familie längerfristige Lösungen erarbeitet und die Kinder ggf. an andere Einrichtungen zugewiesen.

MA 17 West – Integration und Diversität

Die MA 17 bietet Information, Beratung und Unterstützung für Menschen mit Migrationshintergrund in Fragen des Zusammenlebens von Menschen in- und ausländischer Herkunft. Sie entwickelt Vorschläge für Maßnahmen, die die Integration von NeuzuwanderInnen und MigrantInnen erleichtern mit dem Ziel, dass sie gleichberechtigt und mit gleichen Chancen am gesellschaftlichen und wirtschaftlichen Leben teilnehmen können. Sie fördert Spracherwerbsmaßnahmen und organisiert Veranstaltungen zur Information und Vernetzung zwischen MigrantInnen-Vereinen und Einrichtungen des Bezirks, wie z.B. die Veranstaltung „Wir in Ottakring und Penzing".

Die MA 17 unterstützt Vereine und Initiativen, die integrationsrelevante Projekte durchführen wie z.B.

- Das Projekt „Die Kunst des Zusammenlebens" der Vereinsplattform Ottakring
- Verein „Fair und Sensibel – Polizei und AfrikanerInnen": Ziel dieses Vereins ist der Abbau von gegenseitigen Vorurteilen und die Stärkung des Bewusstseins in der Öffentlichkeit, dass die überwiegende Mehrheit der AfrikanerInnen in Österreich nichts mit Drogen zu tun hat.

Weitere Projekte der MA 17

- „Bassenagespräche" finden in allen Bezirken an belebten Plätzen im öffentlichen Raum, zum Beispiel auf Straßen oder in Parks, und in Einkaufszentren statt. Das Projekt ermöglicht ständige Kommunikation mit den Wienerinnen und Wienern und das Sammeln von Erfahrungen vor Ort. Die erworbenen Erkenntnisse fließen in die Planung neuer Projekte der MA 17 und anderer Abteilungen ein.
- Ehrenamtliche KonfliktarbeiterInnen: BewohnerInnen einer Wohnhausanlage werden ermutigt, sich für das Zusammenleben im Stadtteil beziehungsweise im Wohnhaus zu engagieren. Dabei helfen ehrenamtliche MitarbeiterInnen, die sich in der Konfliktprävention und Konfliktschlichtung engagieren.
- „Sei dabei. Wien für Dich – Du für Wien": Mit dieser Aktion unterstützt die Stadt Wien Projekte von WienerInnen, durch die Menschen miteinander ins Gespräch kommen, Gemeinsamkeiten entdecken und die zu einem besseren Miteinander in der Stadt beitragen.

MA 13 Bildung und außerschulische Jugendbetreuung

Verein Wiener Jugendzentren

Die Jugendzentren bieten Raumangebote ohne Konsumzwang für Kinder und Jugendliche. Die Arbeitsbereiche umfassen Offene Kinder- und Jugendarbeit in Jugendzentren und -treffs, Mobile Jugendarbeit, Gemeinwesenarbeit und Angebote in einem Kurszentrum.

Arbeitsansätze der Offenen Kinder- und Jugendarbeit:

- Sozialraumorientierung: stadtteilorientierte Aneignung von Lebensräumen und Freiräumen
- Lebensweltorientierung: in engem Bezug zu den Erfahrungen und Lebensräumen der Zielgruppen
- Partizipation: Beteiligung von Kindern und Jugendlichen an Gestaltungsprozessen
- Geschlechtsspezifische Arbeit: Unterschiede anerkennen – Positive Rollenbilder statt Klischees
- Diversitätsbewußtsein: Kulturelle und soziale Vielfalt respektieren und fördern
- Prävention: Vorhandene Potentiale und Eigenverantwortung fördern, spezielle Zugänge für die Zielgruppen entwickeln
- Freiwilligkeit: Teilnahme ohne Zwang
- Vernetzung: Kooperation mit relevanten Einrichtungen regional (Bezirks- und Stadtteilplattformen), überregional (z.B. Jugend- und Kinderplattform, boja – Bundesweites Netzwerk offener Jugendarbeit) und international (Jugendaustausch mit EU-Förderungen) (Verein Wiener Jugendzentren 2006a, c)

Jugendzone Ottakring

Die Angebote richten sich an Kinder und Jugendliche im Alter von 6 bis 19 Jahren. Sie basieren auf einer sozialräumlichen Konzeption und sind auf die vielfältigen Jugendkulturen ausgerichtet. Die Jugendzone Ottakring führte von Mai 2009 bis Jänner 2010 gemeinsam mit den Jugendlichen und integriert in den täglichen Ablauf im Jugendzentrum eine Sozialraumanalyse durch, mit dem Ziel, „[...] den ganzen Bezirk aus der Perspektive der hier lebenden Jugendlichen zu analysieren" (Holzhacker 2010). Die Ergebnisse der Analyse wurden an die Politik und die Medien kommuniziert und sind in das Konzept des Jugendzentrums eingeflossen.

Back on Stage 16/17 – Mobile Jugendarbeit

„Mobile Jugendarbeit ist ein aufsuchendes, lebensweltorientiertes Unterstützungs-, Beratungs- und Hilfeangebot, das sich in der unmittelbaren Kommunikation mit den Jugendlichen, flexibel an den Bedürfnissen und Ressourcen der Jugendlichen orientiert. Mobile Jugendarbeit wendet sich vorrangig an junge Menschen in ihren selbst gewählten (Cliquen-/Gruppen-) Strukturen in einem definierten Gebiet" (Verein Wiener Jugendzentren 2006b, S. 3).

Das Arbeitsfeld von Back on Stage 16/17 sind vorwiegend Parkanlagen in den dicht verbauten gürtelnahen Gebieten der Bezirke Ottakring und Hernals. Zielgruppen sind junge Menschen, die den Großteil ihrer Freizeit im öffentlichen Raum verbringen.

Der Arbeitsansatz ist stadtteilorientiert und verwendet verschiedene Elemente aus dem Feld der Sozialarbeit wie Streetwork, Gruppen- und Cliquenarbeit sowie Einzelfallarbeit und gemeinwesenorientierte Arbeit.

Parkbetreuung von Mai bis Oktober im 16. Bezirk: Yppenplatz, Richard Wagner Park und andere nach Bedarf.
Hofferbad Jugendtreff: Die Räumlichkeiten im Hofferbad im 16. Bezirk stehen Jugendlichen ab 14 Jahren auch im Winter zur Verfügung.

Wiener „Parkbetreuung"

Seit mehr als 15 Jahren wird von verschiedenen gemeinnützigen Vereinen im Auftrag der Stadt Wien eine freizeitpädagogische Betreuung in Wiener Parks und Wohnhausanlagen in allen Wiener Bezirken durchgeführt. Die Zuständigkeit für die Parkbetreuung wurde im Zuge der Dezentralisierung an die Bezirke übertragen, die über die Aufteilung der Budgetmittel und den Umfang der jeweiligen Maßnahmen entscheiden.
Die Arbeitsweise ist stadtteilorientiert. Ziel ist, die Kinder und Jugendlichen in ihrem unmittelbaren Wohnumfeld zu unterstützen, den öffentlichen Raum für sich zu nutzen und ihre Bewegungs- und Interaktionsräume zu erweitern. Methodisch umgesetzt wird das u.a. durch Soziokulturelle Animation (v. a. Aktivierung von Gruppen, Unterstützung zur umfassenderen Teilnahme am öffentlichen Leben unter Berücksichtigung von sozialen und kulturellen Bedingungen und Möglichkeiten), partizipativ entwickelte Projektarbeit, erlebnispädagogische Gruppenarbeit, Gespräche sowie auch durch Lobbyarbeit und Vernetzung und Kooperation mit lokalen Einrichtungen.
Es gibt fixe Betreuungszeiten, aber auch Raum für zielgruppen- und bedarfsorientierte Aktionen. In Ottakring wird die Parkbetreuung von den Wiener Kinderfreunden und dem Verein Wiener Jugendzentren / Back on Stage in verschiedenen Parks durchgeführt (Magistratsabteilung 13 2009).
Spezielle Projekte

- Mädchencafé der Wiener Kinderfreunde im Kids-In-Ottakring Zentrum (KIO) in der Gaullachergasse 41 an zwei Tagen pro Woche nachmittags. Angeboten werden niederschwellige Beratung, Kleingruppenaktionen, Kreativprojekte, Ausflüge und spezielle Feste.
- Burschentage in Ottakring: Aus einem Pilotprojekt haben sich die Burschentage in Ottakring als fixer Bestandteil der Parkbetreuung Ottakring entwickelt. Geschlechtsspezifische Angebote und Ausflüge stehen für Burschen am Hofferplatz dabei im Mittelpunkt.

Magistratsabteilung 55 – Bürgerdienst Wien

Die Bezirksstellen nehmen Fragen und Beschwerden der Bevölkerung entgegen und leiten sie zur zuständigen Dienststelle weiter. Sie bieten Informationen über Leistungen und Angebote der Stadtverwaltung und dienen als Anlaufstelle bei Problemen verschiedenster Art. Jeder Wiener Gemeindebezirk besitzt eine eigene Anlaufstelle des Bürgerdienstes.

wohnpartner-Außenstelle „Franz Novy Hof"

Die „wohnpartner" sind ein Service-Angebot der Stadt Wien, das seit Anfang 2010 vielfältige Maßnahmen zur Stärkung der Gemeinschaft und zur Steigerung der Wohn- und Lebensqualität im Wiener Gemeindebau setzt. Zentrale Ziele sind die Förderung eines respektvollen Zusammenlebens und die Lösung von nachbarschaftlichen Konflikten.

in Zusammenarbeit mit den BewohnerInnen führt „wohnpartner" vielfältige Nachbarschafts-Projekte mit dem Ziel durch, das Verständnis füreinander im Wiener Gemeindebau zu stärken und den Dialog zu fördern. Durch den Abbau von Gesprächshemmschwellen und durch einen verbesserten Austausch zwischen den GemeindemieterInnen sollen nachbarschaftliche Konflikte erst gar nicht entstehen. Die Eigeninitiative von BewohnerInnen soll gefördert und die Entwicklung eigener Konfliktlösungskompetenzen der MieterInnen unterstützt werden.

Auswahl an wohnpartner-Gesamtprojekten

- „Willkommen Nachbar!" Ziel: Gute soziale Integration von neuen MieterInnen in die Hausgemeinschaft. Alteingesessene BewohnerInnen heißen die NeumieterInnen in ihrem neuen Zuhause willkommen. Durch das Engagement bei „Willkommen Nachbar!" werden die Gemeinschaft und das soziale Klima in der Wohnhausanlage nachhaltig gestärkt.
- Treffpunkt Gemeindebau: Prominente Wiener Persönlichkeiten mit Migrationshintergrund besuchen die Wiener Gemeindebauten und stehen für persönliche Gespräche, Diskussionen und Aktivitäten, wie gemeinsames Kochen oder Filmen und Radio machen, den BewohnerInnen zur Verfügung.
- Urlaub im Gemeindebau: Freizeitangebote im Gemeindebau für die, die den Sommer zu Hause verbringen.
- wohnpartner unterwegs: Gerade im Sommer steigt das Konfliktpotenzial, zum Beispiel im Bereich der Hofnutzung. Zwischen Mai und Oktober sind wohnpartner-Teams auch in den Abendstunden unterwegs, um möglichen Auseinandersetzungen vorzubeugen und für ein besseres Miteinander im Gemeindebau zu sorgen.

Gebietsbetreuung Stadterneuerung Ottakring (GB*16)

Die Wiener Gebietsbetreuungen sind der Geschäftsgruppe Wohnen, Wohnbau und Stadterneuerung zugeordnet und werden im Auftrag der **Magistratsabteilung 25** von privaten Auftragnehmerinnen und Auftragnehmern geführt. Sie sind Anlaufstelle für Fragen zum Wohnen und Zusammenleben im Grätzel. Mit der in Wien praktizierten „sanften Stadterneuerung" soll zur Verbesserung der Wohn- und Lebensqualität beigetragen werden.

Die GB*16 besteht seit 36 Jahren und ist die älteste Gebietsbetreuung Wiens. Sie bietet persönliche Beratung und Service für BürgerInnen, Projekte im Rahmen der sanften Stadterneuerung, Vernetzung zwischen BürgerInnen, AkteurInnen und Entscheidungs-trägerInnen und Veranstaltungen, Workshops und Ausstellungen.

Auswahl an Projekten der GB*16

- „Reisebüro Ottakring“: Das „Reisebüro Ottakringer Straße“ der GB*16 und GB*17-18 im Erdgeschoßlokal Nr. 45 dient als Raum für Austausch, Kultur, Information, Beratung und Beteiligung. Dieses Projekt soll zum Imagewandel der Ottakringer Straße beitragen, die oft als „gefährlichste Straße Wiens“ bezeichnet wurde.
- „Nehmen Sie Platz***mit“: Freiraumbelebung im Hippviertel: Im Juni und Juli 2011 wird die Hasnerstraße abschnittsweise für den motorisierten Verkehr gesperrt. Damit soll das Bewusstsein für alternative Nutzungsmöglichkeiten von öffentlichem Raum geschärft werden. Die Straße als Freiraum für die BewohnerInnen, die sie als „erweitertes Wohnzimmer“ nutzen können.
- VOLXkino im Hippviertel: Freiluftkino im Ludo-Hartmann-Park
- Die kurze Nacht der Stadterneuerung III: Präsentation der Entwurfsarbeiten von ArchitekturstudentInnen des Instituts für Städtebau der TU Wien zur Transformation des Hippviertels im Rahmen eines Straßenfests in der Herbststraße mit Kurzvorträgen, Musik und Performance.

Krankenanstaltenverbund

Wilhelminenspital

Das Wilhelminenspital liegt im westlichen Teil von Wien und wurde im Pavillonsystem errichtet. In den 1990er Jahren wurde es baulich erweitert, insbesondere wurde das Onkologische Zentrum ausgebaut und die Kinderklinik Glanzing eingebunden.

Babynest Glanzing im Wilhelminenspital

Das Babynest Glanzing wurde unter Leitung des Vorstandes der Kinderinternen Abteilung im Wilhelminenspital eingerichtet. Es ist die erste Einrichtung dieser Art in Österreich.

Vorrangigstes Ziel ist es, das Leben Neugeborener zu schützen. Die Neugeborenen werden versorgt und medizinisch betreut. Für die Mütter ist Straffreiheit und Anonymität garantiert. Auf Wunsch kann auch umfangreiche, professionelle Hilfe vermittelt werden. Die Obsorge für das Neugeborenen liegt vorerst beim Amt für Jugend und Familie. Die Abteilung für Kinder- und Jugendheilkunde Kinderklinik Glanzing am Wilhelminenspital der Stadt Wien betreut das Babynest mit den diensthabenden Kinderärzten rund um die Uhr.

Säuglingspsychosomatik mit integrierter Schreiambulanz

Abteilung für Kinder und Jugendheilkunde – Kinderklinik Glanzing

Zielgruppe sind Familien mit Kindern bis zu 3 Jahren mit Symptomen des Säuglings, wie z.B. Schlaf-, und Schreiprobleme, Entwicklungsverzögerung, Verwahrlosung und Misshandlung, aber auch mit Problemen auf Seiten der Eltern wie psychische Erkrankungen, akute Belastungsreaktionen, Drogenproblematik, psychosoziale Risikofaktoren (u.a. Mehrlinge, minderjährige Mütter). Die Behandlung durch ein interdisziplinäres Team (KinderärztIn,

PsychologIn, SozialarbeiterIn, KinderkrankenpflegerInnen) ist patientInnenorientiert mit ganzheitlichem Ansatz und Miteinbeziehung der Ressourcen der PatientInnen. Es besteht eine enge Zusammenarbeit mit anderen sozialen Institutionen inklusive Helferkonferenzen (Amt für Jugend und Familie, Mutter-Kind-Heime etc.), sowie mit institutionellen und niedergelassenen PsychotherapeutInnen und PsychiaterInnen. Eltern oder Geschwister können mit aufgenommen werden.

FEM-Elternambulanz im Wiener Wilhelminenspital

Diese Spezialambulanz für psychosoziale Risikoschwangerschaften wurde 2006 im Auftrag des Wiener Programms für Frauengesundheit im Rahmen der Geburtshilflichen Ambulanz des Wilhelminenspitals eingerichtet. Zielgruppe sind Frauen (und Eltern) mit psychischen Krisen in der Zeit der Schwangerschaft und der ersten Zeit mit dem Baby (Stadt Wien 2010b).

Das Angebot umfasst das Erkennen und Diagnostizieren von möglichen psychischen Belastungsfaktoren während der Schwangerschaft im Sinne der Prävention von peri- und postpartalen psychischen Störungen sowie eine frühzeitige Intervention und Maßnahmenentwicklung. Es finden Orientierungsgespräche, Diagnostik, Krisenintervention, Entlastungsgespräche, Kurzzeitbegleitung im ambulanten Rahmen statt. Die Gespräche sind kostenlos. Im Rahmen der Elternambulanz finden auch Sprechstunden mit türkischen Beratungsangeboten statt. Die FEM-Elternambulanz im Wiener Wilhelminenspital wird von der Wiener Gesundheitsförderung gefördert.

Fonds Soziales Wien

Beratungszentrum „Pflege und Betreuung" für BewohnerInnen der Bezirke 8, 16 und 17:

Information und Beratung in Pflege- und Betreuungsfragen, Organisation von Pflege- und Betreuungsdiensten für zu Hause, Überprüfung der Qualität der erbrachten Leistungen, Kontaktbesuchsdienst der Stadt Wien.

Spezielle Angebote: Inkontinenzberatung (im Rahmen des Wiener Programms für Frauengesundheit), Beckenbodentraining-Kurse, SeniorInnenberatung für MigrantInnen in türkischer, serbischer, kroatischer und bosnischer Sprache, Seniorengesprächgruppe, Malgruppe für SeniorInnen, Gesprächsrunde für pflegende Angehörige, MS Gruppe.

Tageszentrum Ottakring – Hernals:

Tagesbetreuung von alten oder behinderten Menschen, die Betreuung benötigen, sonst aber zu Hause leben

Tageszentrum für Obdachlose und Straßensozialarbeit "JOSI"

Stabilisierung der gesundheitlichen und sozialen Situation akut wohnungsloser Menschen durch geschützten Tagesaufenthalt für rund 100 Personen.

Kuratorium Wiener Pensionistenwohnhäuser

Häuser zum Leben

In den 31 Häusern in Wien leben ca. 9.300 BewohnerInnen (ca. 7.500 Wohn- und 1.800 Pflegeplätze in fast allen Bezirken). Das Angebot pflegerischer und hauswirtschaftlicher Dienstleistungen ermöglicht auch bei Unterstützungsbedarf im eigenen Appartement zu wohnen. Jedes Haus verfügt auch über einen stationären Bereich, in dem Pflege und medizinische Betreuung gewährleistet sind.

Häuser zum Leben in Ottakring sind das Haus Liebhartstal, Thaliastraße 157, und das Haus Liebhartstal II, Ottakringer Straße 264.

Pensionistenklubs

Die 172 Pensionistenklubs der Stadt Wien (Stand Oktober 2009) gliedern sich in 31 so genannte „Hausklubs" in den „Häusern zum Leben" des Kuratoriums Wiener Pensionisten-Wohnhäuser und 141 „Bezirksklubs", die in diversen anderen Lokalen in allen Wiener Bezirken untergebracht sind. Die Pensionistenklubs der Stadt Wien sind von Oktober bis April geöffnet, jeweils Montag bis Freitag (ausgenommen Feiertage) in der Zeit von 13 bis 18 Uhr. Sie bieten ein vielfältiges Freizeit- und Kulturprogramm. Die Kosten des Klubbesuchs werden von der Stadt Wien getragen (die Adressen der Pensionistenklubs Ottakring sind unter 7.3 aufgelistet).

Kuratorium für Psychosoziale Dienste

Die Psychosozialen Dienste in Wien stellen für Menschen mit psychischen Erkrankungen acht Sozialpsychiatrische Ambulatorien, ein Ambulatorium für Kinder- und Jugendpsychiatrie sowie einen Psychiatrischen Krisendienst (Psychiatrische Soforthilfe) zur Verfügung. Der Zugang ist ohne Zuweisung, kostenlos, ohne E-Card und auf Wunsch auch anonym möglich.

Sozialpsychiatrisches Ambulatorium Ottakring und Tageszentrum (für den 14., 15. und 16. Bezirk)

Die Sozialpsychiatrischen Ambulatorien bieten sozialpsychiatrische (medizinische) Behandlung und Betreuung psychisch kranker (erwachsener) Menschen. Ziele sind die Reintegration in das individuelle soziale Netz und die Förderung individueller Fähig- und Fertigkeiten in den Bereichen Wohnen, Arbeit, Beschäftigung und Freizeit. Es wird Beratung in finanziellen, wirtschaftlichen und administrativen Angelegenheiten sowie auch Unterstützung für Angehörige, Familien, Partner oder für das nähere Umfeld des Erkrankten angeboten.

Tageszentrum für psychiatrische Frührehabilitation

Zielgruppe sind junge Erwachsene (Alter: 18 – 25 Jahre), die am Beginn einer schweren psychischen Erkrankung stehen.

8.2.2 Bildungseinrichtungen

Schulen

In Ottakring gibt es 10 Volksschulen (davon eine arabische Volksschule), 7 Hauptschulen (davon eine Kooperative Mittelschule mit Informatikschwerpunkt, eine Ganztagsmittelschule, eine bilinguale Mittelschule und eine arabische Hauptschule), 2 berufsbildende Pflichtschulen, 4 berufsbildende mittlere und höhere Schulen, 2 allgemeinbildende höhere Schulen und ein Sonderpädagogisches Zentrum.

VHS Ottakring

Die Wiener Volkshochschulen bestehen seit über 100 Jahren und sind seit 2008 als gemeinnützige GmbH organisiert. Eigentümer der „Die Wiener Volkshochschulen GmbH“ sind zu 74,9 % der Verband Wiener Volksbildung und zu 25,1 % die Stadt Wien. Unterstützt wird die Arbeit der Volkshochschulen durch ehrenamtliche Fördervereine in den Bezirken. Die Wiener Volkshochschulen stellen in allen 23 Bezirken Wiens ein niederschwelliges Bildungsangebot zur Verfügung. Sie treten für einen demokratischen Zugang zu Wissen und Bildung ein. Interkulturelle Bildungsarbeit ist integraler Bestandteil der Erwachsenenbildung.

Die Volkshochschule Ottakring-Hernals ist eine der traditionsreichsten Erwachsenenbildungseinrichtungen Europas. Das Hauptgebäude, das „Volksheim Wien“, geht auf eine Initiative von liberalen Universitätsprofessoren zurück. 1905 wurde von Ludo Hartmann und Emil Reich in Ottakring das erste Volksbildungshaus Europas eröffnet (Fichtinger 2010).

Schwerpunkte der Angebotsstruktur sind innovative Modellprojekte (Jugendbildungszentrum, AlfaZentrum für MigrantInnen. SprachenZentrum), zweiter Bildungsweg, Bildungsarbeit mit MigrantInnen und Diversität.

Büchereien

Bücherei Ottakring: Schuhmeierplatz 17

Bücherei Sandleiten: Rosa-Luxemburggasse 4*;* Schwerpunkt Frauenliteratur

Verein beratungsgruppe.at

Der Verein beratungsgruppe.at ist ein Netzwerk von ErwachsenenbildnerInnen, BeraterInnen, Coaches, TherapeutInnen und TrainerInnen mit den Tätigkeitsschwerpunkten Erwachsenen- und Elternbildung. beratungsgruppe.at ist spezialisiert auf besonders niederschwellige Methoden und Projekte für sozial- und bildungsbenachteiligte Personen, im Speziellen für Frauen mit Migrantionshintergrund.

Projekte des Vereins beratungsgruppe.at:

- HIPPY **H**ome **I**nstruction for **P**arents of **P**reschool **Y**ounsters: Bildungs- und Frühförderprogramm für MigrantInnenfamilien mit Vorschulkindern

- ABC – AngebotBildungChance: Informationskampagne von Frauen mit Migrationshintergrund für Frauen mit Migrationshintergrund im öffentlichen Raum
- Gesundheit kommt nach Hause: Interkulturelle Gesundheitsförderung in aufsuchender Bildungsarbeit für Migrantinnen und ihre Kinder im Vor- und Pflichtschulalter (siehe 3.2.5)

Verein Bildung ist Zukunft – BIZ

Aktivitäten zur Integration von MigrantInnen in die Gesellschaft (u.a. Beratung, Weiterbildung, Kinder- und Schülerbetreuung, Vorträge)

8.2.3 Vereine und Initiativen

Jugend am Werk

Jugend am Werk bietet Berufsausbildungen für Jugendliche sowie Begleitung für Menschen mit Behinderung.

Angebote sind Berufsorientierung, Arbeitsassistenz, Job Coaching, integrative Berufsausbildung in Form einer verlängerten Lehrzeit, gezielte berufliche Qualifizierung an drei Standorten, individuelle Förderung und Begleitung in Werkstätten, Wohnheimen, Wohngemeinschaften und begleitetes Wohnen für Menschen mit Behinderung.

Caritas der Erzdiözese Wien

Angebote in Ottakring

- Psychosoziale Angehörigenberatung für pflegende und betreuende Angehörige: kostenlose Einzelberatungen, Hausbesuche und Gesprächsgruppen für Angehörige von Demenzkranken.
- Wohngemeinschaften für Menschen mit Behinderungen
- @Home Startwohnungen für MigrantInnen und Asylberechtigte mit Erwerbseinkommen.
- Rupert Mayer-Haus: Notquartier, Übergangswohnhaus und sozial betreutes Wohnhaus für Frauen und Männer ab ca. 40 Jahren
- JUCA – Haus für wohnungslose junge Erwachsene, die aktiv an der Verbesserung ihrer Lebenssituation arbeiten möchten. Das Betreuungsteam bietet Beratung und Unterstützung bei der Bewältigung von rechtlichen, sozialen und finanziellen Problemen sowie bei persönlichen Krisensituationen.

Haus der Barmherzigkeit

- Pflegekrankenhaus Seeböckgasse 30a
  Im geriatrischen Pflegekrankenhaus Ottakring werden rund 350 hochbetagte und chronisch kranke Menschen betreut.
- HABIT Haus der Barmherzigkeit
  Sautergasse 53/Stiege 2 (Eingang Heigerleinstraße 78)

Wohngemeinschaften und basale Tageszentren für Menschen mit hohem Unterstützungsbedarf.

Haus Maroltingergasse

Sozial betreutes Wohnhaus der Arbeitsgemeinschaft Nichtsesshaftenhilfe Wien für Frauen, Männer und Paare, denen ein selbständiges Wohnen in einer eigenen Wohnung nicht mehr möglich ist. Das Haus wird nach dem Konzept der bedürfnisorientierten Sozialarbeit geführt und stellt nicht die Defizite, sondern die Autonomie, die Selbstbestimmung und die Würde der Menschen in den Mittelpunkt. Die Zuweisung erfolgt über das Beratungszentrum Wohnungslosenhilfe.

Wiener Hilfswerk – Nachbarschaftszentrum 16

Das Nachbarschaftszentrum Ottakring bietet Beratungen (Gesundheit, Soziales, Bildung), Gruppen für Kinder und Erwachsene, Räumlichkeiten für Selbsthilfegruppen und die Möglichkeit der ehrenamtlichen Mitarbeit.

Angebote sind u.a. Lernhilfe für HauptschülerInnen, Selbstbehauptungstraining für Mädchen von 7 bis 12 Jahren, Aktivgruppe für türkische Frauen, Konversationsgruppe Deutsch, Minidisco für Kinder, Kinderflohmarkt.

Wiener Sozialdienste Förderung & Begleitung GmbH

Das HandWerk bietet kreative, künstlerische Beschäftigung in unterschiedlichen Bereichen für erwachsene Personen mit kognitiver und mehrfacher Behinderung bzw. psychiatrischer Erkrankung oder psychosozialer Beeinträchtigung (50 Plätze) (Stadt Wien 2010b). Die Produkte können im Geschäft Herbststraße 21 / Ecke Kirchstetterngasse erworben werden.

Bandgesellschaft – Österreichisches Hilfswerk für Menschen mit besonderen Bedürfnissen

Vollbetreutes Wohnen für Menschen mit intellektueller Einschränkung und/oder psychischer Erkrankung, Beschäftigungstherapie

Sozialberatung Volkshilfe

Beratung und Information bei sozialen Problemstellungen durch eine Diplomierte Sozialarbeiterin

Rainbows

Gruppenpädagogisches Angebot und Einzelbegleitung für Kinder und Jugendliche im Alter von 4 – 17 Jahren, die von Trennung / Scheidung der Eltern oder Tod eines Elternteils betroffen sind.

LIMA-Trainingsgruppe des Katholischen Bildungswerkes

LIMA ist ein Trainingsprogramm für Menschen ab 55 Jahren, das Gedächtnistraining und Bewegungstraining miteinander kombiniert. Außerdem werden Themen behandelt wie Veränderungen im Alter, Wohnen, Ernährung, soziale Kontakte, Information über regionale Angebote und Hilfsdienste.

VÖPP Vereinigung österreichischer Psychotherapeutinnen und Psychotherapeuten

Bezirkspsychotherapievertretung. Die BezirkspsychotherapievertreterInnen (BPV) der VÖPP sind AnsprechpartnerInnen für Institutionen, Einrichtungen und andere Berufsgruppen in Ottakring. Ziel ist, Psychotherapie im psychosozialen Netzwerk des Bezirkes anzubieten und zu integrieren.

PsychotherapieERSTberatung (u.a. am Bezirksamt) ist ein kostenfreies Serviceangebot für Ratsuchende, um Fragen zur Psychotherapie zu klären wie z.B. Kosten der Psychotherapie, Möglichkeit der Psychotherapie auf Krankenschein, Therapierichtungen und Methoden, etc.

Einrichtungen zur Information, Beratung und Unterstützung für Menschen mit Migrationshintergrund in Ottakring

MigrantInnen in Österreich stellen eine heterogene Gruppe dar, da die Gründe für ihre Immigration nach Österreich vielfältig sind (z.B. Kriegsflüchtlinge, ArbeitsmigrantInnen, Opfer des internationalen Frauenhandels, Immigration zu Ausbildungszwecken, Studium oder Familiennachzug). Unterschiede manifestieren sich nicht nur im Herkunftsland, sondern auch im Aufenthaltsstatus, im Bildungsstatus, in Lebensphase und Alter, sexueller Orientierung, kultureller und religiöser Zugehörigkeit (Stadt Wien 2004).

Die Gesundheitsversorgung für MigrantInnen geschieht oft abseits der nicht-migrantischen Versorgung. Das Wiener Programm für Frauengesundheit hat spezifische Versorgungsangebote für Migrantinnen, wie etwa muttersprachliche Früherkennungsprogramme für Brustkrebs, muttersprachliche Vorträge. Dazu gibt es in ganz Wien eigene Versorgungs-stellen (Waldrauch et al. o.J.).

MigrantInnenzentrum, Caritas der ED Wien

Das MigrantInnenzentrum bietet Beratung und Information sowie Hilfestellung bei der Arbeitsuche und Unterstützung bei der Erlangung einer Beschäftigungsbewilligung. Auch kurzfristige finanzielle Überbrückungshilfen können gewährt werden. Im Rahmen der Bildungsberatung werden Informationen über Berufs- und Ausbildungs-anerkennungsverfahren, über Aus- und Weiterbildungsmöglichkeiten sowie über finanzielle Unterstützungsmöglichkeiten für Bildungsmaßnahmen geboten.

peppa – Interkulturelles Mädchenzentrum, Caritas der ED Wien

Mädchen von 10 bis 20 Jahren, insbesondere Migrantinnen, werden in ihrem Integrationsprozess unterstützt. Ziel ist soziale Ungleichheit abzubauen, Geschlechtergleichberechtigung zu fördern und die Lebens- und Freizeitsituation der Mädchen und jungen Frauen zu verbessern. Angebote sind u.a. Sozial-, Bildungs- und Berufsberatung, Ärztliche Beratung, Lernhilfe, Bibliothek, Ausflüge, Feste und Veranstaltungen. Die Mitarbeiterinnen sprechen Arabisch, Deutsch, Englisch, Französisch, Kroatisch, Serbisch, Türkisch, Rumänisch, Russisch und Spanisch. Alle Angebote sind anonym, vertraulich und kostenlos.

Miteinander Lernen – Birlikte ögrenelim

„Miteinander lernen Birlikte ögrenelim" ist ein Beratungs-, Bildungs- und Psychotherapiezentrum für Frauen, Kinder und Familien. Angebote sind u.a. Psychotherapie, Erziehungsberatung, frauenspezifische Beratung, Sozialberatung, Familienberatung, Deutschkurse für Frauen aus der Türkei mit Kinderbetreuung, Alphabetisierungskurse für Frauen mit Muttersprache Türkisch, Deutsch-Integrationskurse, Lern- und Freizeitbetreuung für Pflichtschulkinder, Supervision, Bildungsberatung, Sprachkurse, Beratung in Deutsch, Türkisch, Englisch.

ADA – Alternative Solidarität

Ziel ist gegen Diskriminierung und Ausgrenzung einzutreten, die Integration, besonders bei Jugendlichen der zweiten und dritten Generation, zu fördern und aktiv die Interessen von MigrantInnen zu unterstützen sowie die Ausbildungssituation der ausländischen Kinder und Jugendlichen zu verbessern, um den Einstieg ins Berufsleben oder ins Studium zu erleichtern.

KOMPASS – Beratungszentrum für neue EU BürgerInnen

Das Beratungszentrum KOMPASS ist 2008 durch eine Zusammenarbeit des Vereins „Europe Our Home" – „Europa unser Zuhause" mit der WIK-Wienerintegrationskonferenz entstanden. Beratung, Begleitung und Betreuung der neuen EU-BürgerInnen in Österreich.
Sprachen: Bulgarisch, Rumänisch, Russisch.

Kulturvereine

KunstSozialRaum Brunnenpassage[25]

Die Brunnenpassage ist eine Einrichtung der Caritas und besteht seit Juni 2007. Ziel ist allen unterschiedlichen Bevölkerungsgruppen am Brunnenmarkt Zugang insbesondere zu zeitgenössischer Kunst zu erschließen. Kultur soll auch für die Menschen attraktiv und erreichbar gemacht werden, die die kulturellen Angebote der Stadt sonst nicht nutzen würden.

[25] http://www.brunnenpassage.at/ueber-uns/ Stand 22.06.2011

Durch Kunst und Kultur werden neuartige Begegnungsmöglichkeiten geschaffen. Die Projekte der Brunnenpassage verstehen sich als künstlerische Modelle, in denen kulturelle und soziale Teilhabe beispielhaft gelebt wird. Kunst wird als Mittel für sozialen Wandel genutzt. Kernstück des Programms sind partizipative Kunstprojekte. Bestandteil des Konzeptes sind zahlreiche Kooperationen mit Wiener Kulturinstitutionen wie dem Wiener Konzerthaus, den Wiener Festwochen, dem Dschungel Wien, dem Schauspielhaus etc. Der Eintritt zu den Veranstaltungen der Brunnenpassage ist frei. Im Sinne einer Umverteilung gilt "Pay as you can"

Verein makamhane [26]

Der Verein makamhane ermöglicht mit Hilfe künstlerischer Mittel Begegnung über kulturelle Grenzen hinweg. Die zugrunde liegende Geisteshaltung ist ganzheitlich orientiert und unterstützt die Vielfalt sowie das Verbindende zwischen den Kulturen und Menschen.

Ulu Camii – ATIB – Türkisch-islamischer Verein für kulturelle und soziale Zusammenarbeit

In dem Verein Ulu Camii befinden sich Gebetsräumlichkeiten für Männer und Frauen und ein Lokal für Jugendliche. Das Ziel des Vereines ist unter anderem Jugendbetreuung.

Bizim Mekan – Türkischer Kulturverein

Der Verein Mekan bietet seit 2005 Infoveranstaltungen, Vorträge und Beratung an sowie Freizeitaktivitäten für Jugendliche.

HORA – Rumänischer Kulturverein Kultur & Tourismus

Der Verein Hora ist eine junge Organisation mit Kultur- und Tourismus-Themen aus Rumänien und Österreich mit dem Ziel, das Verbindende zwischen Menschen zu fördern.

Sanatana Dharma – Indische Kultur

Gebetsraum mit indischen Götterstatuen, in dem auch die indische Kultur gepflegt wird.

Theater- und Kulturverein daskunst[27]

Daskunst produziert seit 2004 politisches Theater und führt soziokulturelle Projekte durch. Daskunst möchte Publikum aller Schichten und verschiedene communities ansprechen und versteht sich auch als Ausbildungsstätte für junge, kunstinteressierte Menschen.

---

[26] Siegert, Sonja, 2008: Integration über Musik am Beispiel der makamhane. Eine kultur- und sozialanthropologische Untersuchung. Diplomarbeit. http://www.makamhane.com/aktuelles/integr_ueber_musik.pdf Stand 26.06.2011

[27] http://www.daskunst.at/index.php Stand 22.06.2011

8.2.4 Foren

Forum 16

Die Mitglieder des Forums 16 sind Institutionen, Vereine und Einrichtungen der Stadt Wien, die in Ottakring in der Jugendarbeit, im Gesundheits- und Sozialbereich sowie im Bildungsbereich tätig sind. Das Forum 16 dient der gegenseitigen Information, dem Erfahrungsaustausch und der Entwicklung und Durchführung gemeinsamer Projekte.

Ottakring 16+

Ottakring 16+ ist ein Projekt der Bildungsagentur in Kooperation mit der Bezirksvorstehung, um den Platz bei der U3 Ottakring für Information, Kommunikation und Veranstaltungen zu nützen. Die Kommunikationsplattform www.16plus.at informiert über Veranstaltungen in Ottakring und bietet Vereinen die Möglichkeit, ihre Aktivitäten vorzustellen und miteinander zu kommunizieren.

Vereinsplattform Ottakring

Die Vereinsplattform Ottakring besteht seit 2005 und stellt eine Informationsplattform für die Mitgliedsvereine zur Verfügung. Die Projekte der Vereinplattform wirken herkunftsbezogenen Vorurteilen entgegen und schaffen Begegnungsmöglichkeiten und Räume, um Menschen in Interaktion zu bringen.

Religionenforum Ottakring

Das „Religionenforum Ottakring" besteht seit 2006. Vereine religiösen Charakters sowie christliche Kirchen im Bezirk treffen sich, um Kontakt zu pflegen und gemeinsame Initiativen zu organisieren. Außerdem finden interreligiöse Themenabende statt.

Medizinische Plattform Ottakring

Die Medizinische Plattform Ottakring ist ein Kommuniktationsforum für MedizinerInnen, um die Zusammenarbeit zwischen Wilhelminenspital und niedergelassenen ÄrztInnen zu fördern.

8.2.5 Gesundheitsförderungsprojekte

Mammographie Screening

Das Wiener Pilotprojekt Mammographie Screening, ein Projekt des Wiener Programms für Frauengesundheit und der Wiener Gebietskrankenkasse, wurde 2008 bei der Verleihung des österreichischen Preises für Innovationen in der extramuralen Versorgung in drei Bezirken ausgezeichnet. Die Bezirke Rudolfsheim-Fünfhaus, Ottakring und Hernals wurden aufgrund ihrer speziellen Bevölkerungsstruktur ausgewählt. Zielgruppe des Pilotprojekts waren Frauen aus niedrigeren sozialen Schichten und Migrantinnen, die die kostenlose Mammographie erfahrungsgemäß selten in Anspruch nehmen[28].

[28] http://www.frauengesundheit-wien.at/aktuelles/20080730_Brustkrebs_Innovationspreis.html Stand 19.01.2011

Bewegte Apotheke

Sandleiten Apotheke Sandleitengasse 49-51

Dieses Projekt der Wiener Gesundheitsförderung und der Wiener Apotheken will Freude an der Bewegung vermitteln und richtet sich vorwiegend an ältere Menschen. Im Rahmen der „Bewegten Apotheke" treffen sich einmal pro Woche Interessierte zum Nordic Walken unter professioneller Anleitung der Bewegungstrainerinnen.

Wiener Netzwerk Gesundheitsfördernde Schulen[29]

Träger des WieNGS Netzwerkes sind die Wiener Gesundheitsförderung (WiG), die Pädagogische Hochschule Wien, der Wiener Stadtschulrat und die Wiener Gebietskrankenkasse. Ziel ist die Organisation Schule zu einem gesunden Erfahrungs- und Lebensraum zu gestalten und die gesundheitsfördernden Kompetenzen der Kinder und der Jugendlichen zu stärken. Zwei der Ottakringer Schulen sind Mitglied im Wiener Netzwerk Gesundheitsfördernder Schulen:

KMS – Kooperative Mittelschule, Grundsteingasse 48

Kreativ-Volksschule Odoakergasse 48

Gesundheit für wohnungslose Frauen

Das ursprünglich vom Wiener Programm für Frauengesundheit in Auftrag gegebene Projekt „Gesundheit für wohnungslose Frauen" wird vom Frauengesundheitszentrum FEM umgesetzt und von der Wiener Gesundheitsförderung gefördert. Ergänzend zum medizinischen Angebot werden gesundheitsfördernde Maßnahmen für die spezifische Zielgruppe partizipativ entwickelt und umgesetzt. Angeboten werden psychologische und gynäkologische Einzelberatungen, psychologische Beratung und Krisenintervention für Kinder und Jugendliche, medizinische Informationsrunden, körpertherapeutische Bewegungsgruppen, offene Frauengruppen sowie Shiatsu.

Gesunder Klub

Das Projekt Gesunder Klub ist eine Kooperation der Wiener Gesundheitsförderung mit dem Kuratorium Wiener Pensionisten-Wohnhäuser. Seit 2011 gibt es auch in Ottakring einen Gesunden Klub (Liebknechtgasse 32). Gesundheitsförderliche Aktivitäten wie Ernährungs-workshops, spielerische Bewegungseinheiten, Tanzveranstaltungen oder Lachyoga werden angeboten. Virtuelles Bowling-Spielen mit „Nintendo Wii" aktiviert Körper und Geist auf spielerische Weise. Außerdem wird LIMA (Lebensqualität im Alter) angeboten, ein wissenschaftlich fundiertes, alltagsorientiertes Programm, das Selbständigkeit im Alter durch eine Kombination von Gedächtnistraining und Bewegungstraining erhält und fördert.

[29] http://www.wiengs.at/ Stand 22.06.2011

Gesund arbeiten ohne Grenzen[30]

Dieses Projekt wird von der Wiener Gesundheitsförderung, dem Wiener Krankenanstaltenverbund und dem Fonds Gesundes Österreich gefördert. Die Durchführung liegt beim Frauengesundheitszentrum FEM Süd. Ziel ist die Steigerung der Gesundheit und Arbeitsplatzzufriedenheit der Hausarbeiterinnen in Krankenhäusern und Geriatriezentren des Wiener Krankenanstaltenverbundes und eine langfristige Absicherung der Gesundheitsförderung im Betrieb.

Gesundheit kommt nachhause.

Interkulturelle Gesundheitsförderung in aufsuchender Bildungsarbeit für Migrantinnen und ihre Kinder im Vor- und Pflichtschulalter[31]

Ein Projekt der beratungsgruppe.at. Gesundheit kommt nachhause ist ein sehr niederschwelliges, ganzheitliches Programm zur Stärkung von Health Literacy (Gesundheitsbewusstsein, Gesundheitskompetenzen) in MigrantInnenfamilien mit aufsuchender Arbeitsweise. Zielgruppe sind bildungs- und sozial benachteiligte vorwiegend muslimische Frauen/Mütter mit mangelnden Deutschkenntnissen. Gesundheitstutorinnen mit ähnlichem soziokulturellem Hintergrund wie die Zielgruppe informieren die Frauen / Mütter direkt in deren Wohnumfeld über das Programm und betreuen in Folge die Teilnehmerinnen. Durch diesen aufsuchenden Ansatz im Familiensetting und vor allem über die Sorge der Mütter um die gesunde Entwicklung ihrer Kinder gelingt es, die Familien, die Kinder, die Großfamilie und ihre community zu erreichen und ihr Gesundheitsbewusstsein nachhaltig zu stärken.

8.2.6 Apotheken und niedergelassene ÄrztInnen

In Ottakring gibt es 16 Apotheken, ca. 60 niedergelassene AllgemeinmedizinerInnen und ca. 200 FachärztInnen (inkl. ZahnärztInnen), die spezifische medizinische Hilfe im niedergelassenen Bereich in Ottakring abdecken (Statistisches Jahrbuch der Stadt Wien 2009d). Das Team der Adlerapotheke in Ottakring ist mehrsprachig. Die Beratung in der Muttersprache wird von den KundInnen sehr geschätzt.[32]

8.2.7 Freizeitmöglichkeiten

In Ottakring gibt es zahlreiche Sportmöglichkeiten. [33] wienXtra-jugendinfo hat eine Linksliste für Sportvereine in Wien erstellt, die Jugendtrainings anbieten[34].

---

[30] http://www.wig.or.at/Gesund%20arbeiten%20ohne%20Grenzen.27.0.html Stand 22.06.2011
[31] http://www.gekona.at/ Stand 26.06.2011
[32] http://www.pharmaceutical-tribune.at/dynasite.cfm?dsmid=104939&dspaid=880888 Stand 26.06.2011
[33] http://www.wien.gv.at/freizeit/sportamt/verein/sportarten.html Stand 16.11.2011
[34] http://www.jugendinfowien.at/fileadmin/daten/jugendinfo/PDF/Infoblaetter/Freizeit/Infoblatt Sportvereine_in_Wien.pdf Stand 28.072011

Indoorspielplatz SEVERSAAL (Wiener Kinderfreunde)

Gefördert durch die Stadt Wien, MA 13 – Fachbereich Jugend. Ein Raum mit Abenteuer-Hindernisbahn, Spiellandschaft zum Klettern, Hüpfen und Rutschen, mit Luftburg, Bällebad, Softplay-Spielsachen, RiesenLego, Wuzzler und vielem mehr. Die freizeitpädagogische Anleitung ist keine Kinderbeaufsichtung.

Sport- und Fun-Halle Ottakring

Im September 2009 wurde in Ottakring die dritte Sport- und Fun-Halle Wiens mit modernster Ausstattung fertig gestellt. Sportangebot: Beachvolleyball, Fußball, Inlinehockey, Streetsoccer, Streetball, Fitness, Tischtennis.

City-Bike-Stationen in Ottakring

Das City-Bike-Netz wird im Westen über den Gürtel hinaus erweitert. In Ottakring wurden bereits die ersten City-Bike-Stationen errichtet. Die Stationen liegen am Richard-Wagner-Platz, am Hofferplatz und am Schuhmeierplatz.

Wandern

Der öffentliche Stadtwanderweg 4a beginnt bei der Paltaufgasse / Thaliastrasse und führt hinauf zum Wilhelminenberg (Statistisches Jahrbuch der Stadt Wien 2009c).

Museen

Bezirksmuseum Ottakring, Richard-Wagner-Platz 19b

Kuffner Sternwarte, Johann-Staud-Str 10

Das Wiener Volksliedwerk, Gallitzinstraße 1

Die Waldschule Ottakring, das erste waldpädagogische Informationszentrum Österreichs, vermittelt Wissen zum Ökosystem Wald und hat das Ziel, einen verantwortungsbewussten Umgang mit der Natur zu vermitteln.

8.3 Mehrsprachige ÄrztInnen

Allgemeinmedizin

MR Dr. Fadel El-Fadel
Stillfriedplatz 1/5
Fremdsprachen: Arabisch, Englisch

Dr. Helga El Hadad-Jenny
Schrekergasse 1/2/1
Fremdsprachen: Deutsch, Englisch, Arabisch

Medizinalrat Dr. Peter Dangl
Seeböckgasse 29/1
Fremdsprachen: Englisch, Polnisch, Serbisch

Dr. Enrique Gutierrez-Lobos
Maroltingergasse 86/2/8
Fremdsprachen: Spanisch

Dr. Sandra Jokic Skibola
Ottakringerstraße 258-260/1/11
Sprachen: Bosnisch, Kroatisch, Serbisch

Dr. Mufid Daniel Kheir
Roterdstraße 12/36/1
Fremdsprachen: Arabisch, Englisch

Dr. Aleksandra Kilibarda
Grundsteingasse 30
Fremdsprachen: Bulgarisch, Englisch, Kroatisch, Serbisch

Dr. Isabella Kusak
Panikengasse 12-16/13
Fremdsprachen: Persisch, Slowakisch, Tschechisch, Türkisch

MR. Dr. John Kwame Yeboah
Weyrprechtgasse 7/2/1
Fremdsprachen: Englisch

Mohamed Tarek Malandi
Friedrich-Kaiser-Gasse 18-24/2
Fremdsprachen: Arabisch, Englisch

Dr. Iuliu Marias
Thaliastraße 127/15
Fremdsprachen: Englisch, Ungarisch

Dr. Jelena Milic
Friedmanngasse 4/8/3
Fremdsprachen: Arabisch, Bosnisch, Englisch, Französisch, Kroatisch, Serbisch

Dr. Engelbert Oman
Degengasse 38/3/2
Fremdsprachen: Englisch, Italienisch

Dr. Elma Viden
Thaliastraße 6
Fremdsprachen: Bosnisch, Englisch, Kroatisch, Serbisch

Dr. Regina Wessely-Matyus
Ottakringer Strasse 103/1/R3
Fremdsprachen: Englisch

Dr. Veronika Willner
Possingergasse 59/9/3
Fremdsprachen: Englisch, Ungarisch

Dr. Walter Wollein
Arnethgasse 33
Fremdsprachen: Bosnisch, Englisch, Kroatisch, Serbisch, Türkisch

Dr. Xhevdet Zenuni
Karl-Metschl-Gasse 13-23/3/1+2
Fremdsprachen: Albanisch, Bulgarisch, Polnisch, Serbokroatisch

Augenheilkunde u. Optometrie

Dr. Gottfried Strasser
Ottakringer Straße 242/15
Fremdsprachen: Englisch, Französisch, Griechisch, Spanisch

Frauenheilkunde

Dr. Michael Elnekheli
Thaliastraße 102/7
Fremdsprachen: Französisch, Ungarisch

Dr. Eva Maria Joura
Weinheimergasse 2/10
Fremdsprachen: Englisch, Französisch, Türkisch

Dr. Nevenka Mirkovic
Ottakringer Strasse 215/4/5
Sprachen: Bosnisch, Kroatisch, Rumänisch, Russisch, Serbisch

Dr. Parviz Mohammadi
Ottakringer Straße 145
Fremdsprachen: Englisch, Persisch, Türkisch

Medizinalrat Dr. Robert Prasse
Kirchstetterngasse 52/2/15
Fremdsprachen: Englisch, Französisch, Serbokroatisch

Dr. Maria Stammler-Safar
Baldiagasse 11/2/22
Fremdsprachen: Englisch, Französisch, Portugiesisch, Spanisch

Dr. Dieter Sturm
Lorenz-Mandl-Gasse 39/4
Fremdsprachen: Englisch, Französisch, Italienisch, Russisch

Dr. Peter Taussig
Maroltingergasse 90/3
Fremdsprachen: Englisch, Französisch, Rumänisch, Ungarisch

Hals-, Nasen- u. Ohrenkrankheiten

Dr. Sassan Ahmadi
Friedmanngasse 4/Top 5
Fremdsprachen: Englisch, Französisch, Persisch

Medizinalrat Dr. Werner Sauer
Thaliastraße 152
Fremdsprachen: Englisch, Französisch, Spanisch

Haut- und Geschlechtskrankheiten

Dr. Margot Püspök-Schwarz
Ottakringerstraße 151/Top 1-3
Fremdsprachen: Englisch
Dr. Elisabeth Sorger
Neulerchenfelder Str 17
Fremdsprachen: Englisch, Französisch, Italienisch

Innere Medizin

MR Dr. Fadel El-Fadel
Stillfriedplatz 1/5
Fremdsprachen: Arabisch, Englisch

Dr. Gabriele Müller-Rosam
Thaliastraße 98-100
Fremdsprachen: Englisch, Ungarisch

Chefarzt Prof. Dr. Rudolf Müller
Thaliastraße 98
Fremdsprachen: Englisch, Ungarisch

Kinder- u. Jugendheilkunde

Medizinalrat Dr. Christl Havranek
Sandleitengasse 9-13/7/1
Fremdsprachen: Englisch

Dr. Daniela Kasparek
Thaliastraße 102-104
Fremdsprachen: Englisch, Französisch

Dr. Marianne Lippert
Weyprechtgasse 3
Fremdsprachen: Bosnisch, Englisch, Französisch, Kroatisch, Serbisch, Türkisch

Dr. Claudia Theodoropoulos-Klein
Liebhartsgasse 32/1
Fremdsprachen: Englisch, Französisch, Griechisch

Orthopädie u. Orthopädische Chirurgie

Aris Enislidis
Neulerchenfelder Straße 34
Fremdsprachen: Englisch, Französisch, Griechisch

Dr. Ralf Heiml
Roterdstraße 12/35/1+2
Fremdsprachen: Englisch, Japanisch

Physikalische Medizin u. Allg. Rehabilitation

Dr. Roland Peceny
Demuthgasse 44
Fremdsprachen: Englisch, Französisch, Spanisch

Psychotherapie

Dr. Veronika Willner
Wilhelminenstraße 135/7
Fremdsprachen: Englisch, Ungarisch

Urologie

Dr. Mehrdad Davoudi
Ottakringer Straße 151/1/3
Fremdsprachen: Englisch, Persisch

Dr. Walid Inaie
Erdbrustgasse 1/1
Urologie
Fremdsprachen: Arabisch, Englisch

ZahnärztInnen[35]

Ragheed Shamoon
Wattgasse 63
Fremdsprachen: Arabisch

Dr. Brigitte Balduin-Stark
Baumeistergasse 1/14/1
Fremdsprachen: Englisch

Dr. Christine Barnegg-Golwig
Kirchstetterngasse 49
Fremdsprachen: Englisch

Dr. Renate Forsthuber
Erdbrustgasse 11
Fremdsprachen: Englisch

Dr.-medic stom. Dr. Zoltan Orban
Menzelgasse 6
Fremdsprachen: Rumänisch, Ungarisch

DDr. Marilena Rusu
Thaliastraße 102 - 104
Fremdsprachen: Englisch, Rumänisch, Ungarisch

DDr. Christoph Schmölzer
Maroltingergasse 52/2/3
Fremdsprachen: Englisch, Kroatisch, ,Serbisch

Dr. Sabine Vyslonzil
Feßtgasse 10
Fremdsprachen: Englisch

Dr. Peter Wirth
Sandleitengasse 12
Fremdsprachen: Englisch

8.4 Pensionistenklubs

Haus Liebhartstal, Thaliastraße 157

Haus Liebhartstal II, Ottakringer Straße 264

Friedrich-Kaiser-Gasse 20

Hasnerstraße 26 (Eingang Kirchstetterngasse)

Hubergasse 8

[35] Quelle: www.wr.zahnaerztekammer.at

Klausgasse 44/R1

Liebknechtgasse 32 (ab 2011 Gesunder Klub)

Mildeplatz 7

Montleartstraße 14-18/3

Sandleitengasse 9-13/10

Schrekergasse 1

Wurlitzergasse 59

8.5 Parks, Spielplätze und Bäder[36]

Familienplatz

Spielplatz. Eingezäuntes Spielareal mit speziellen Spielgeräten für Kleinkinder, Ballspielkäfig

Heigerleinstraße, zwischen Seeböckgasse und Albrechtskreitgasse

Spielplatz, Eingezäuntes Spielareal mit speziellen Spielgeräten für Kleinkinder, Trinkbrunnen

Hettenkofergasse, / Koppstraße

Spielplatz, Trinkbrunnen, Ballspielkäfig

Hofferplatz

Spielplatz, Trinkbrunnen, Ballspielkäfig

Huberpark

Spielplatz, Eingezäuntes Spielareal mit speziellen Spielgeräten für Kleinkinder, Trinkbrunnen

Karl-Kantner-Park

Spielplatz, Trinkbrunnen, Ballspielkäfig

Kendlerstraße 38

Skaterplatz

Kongreßpark

Spielplatz, Eingezäuntes Spielareal mit speziellen Spielgeräten für Kleinkinder, Trinkbrunnen, Ballspielkäfig, Hundezone, Liegewiese

[36] http://www.wien.gv.at/umwelt/parks/anlagen/bezirk16.html Stand 22.06.2011

Leon-Askin-Park

Grundsteingasse/Bertoligasse und Friedrich-Kaiser-Gasse/Abelegasse

Bunte Sitz- und Spielelemente, Trinkbrunnen

Ludo-Hartmann-Park,

Spielplatz, Eingezäuntes Spielareal mit speziellen Spielgeräten für Kleinkinder, Trinkbrunnen

Lorenz-Mandl-Gasse

Lorenz-Mandl-Gasse/Zwinzstraße

Spielplatz

Mildeplatz

Spielplatz, Trinkbrunnen, Ballspielkäfig

Musilplatz

Spielplatz, Eingezäuntes Spielareal mit speziellen Spielgeräten für Kleinkinder, Trinkbrunnen

Park Wichtelgasse

Wichtelgasse/Ottakringer Straße

Spielplatz, Eingezäuntes Spielareal mit speziellen Spielgeräten für Kleinkinder, Trinkbrunnen

Reichmanngasse

Reichmanngasse/Ecke Demuthgasse

Spielplatz, Eingezäuntes Spielareal mit speziellen Spielgeräten für Kleinkinder, Trinkbrunnen, Ballspielkäfig

Richard-Wagner-Park

Spielplatz, Eingezäuntes Spielareal mit speziellen Spielgeräten für Kleinkinder, Trinkbrunnen, Ballspielkäfig, Hundezone

Schuhmeierplatz

Spielplatz, Trinkbrunnen, Ballspielkäfig, Indoorspielplatz

Spinozagasse

zwischen Steinmüllergasse und Rosenackerstraße

Spielplatz

Stillfriedplatz

Spielplatz, Eingezäuntes Spielareal mit speziellen Spielgeräten für Kleinkinder, Trinkbrunnen, Ballspielkäfig

Stöberplatz

Spielplatz, Eingezäuntes Spielareal mit speziellen Spielgeräten für Kleinkinder, Trinkbrunnen, Ballspielkäfig

Wiesbergplatz

Spielplatz, Eingezäuntes Spielareal mit speziellen Spielgeräten für Kleinkinder, Ballspielkäfig

Yppenplatz

Spielplatz, Eingezäuntes Spielareal mit speziellen Spielgeräten für Kleinkinder, Ballspielkäfig[37]

Bäder

Kongressbad, Julius-Meinlgasse 7a

Ottakringerbad, Johann-Staud-Straße 11

Familienbad, Hofferplatz[38]

[37] http://www.wien.gv.at/umwelt/parks/anlagen/bezirk16.html Stand 22.06.2011

[38] http://www.wien.gv.at/freizeit/baeder/uebersicht/familienbaeder.html Stand 16.11.2011

8.6 Interviewleitfaden

FORSCHUNGSINSTITUT DES ROTEN KREUZES

Ein Projekt der Wiener Gesundheitsförderung
in Kooperation mit dem
Forschungsinstitut des Roten Kreuzes

GESUNDES OTTAKRING WiG StaDt+Wien

Interviewleitfaden

Einstiegstext zum Interview

- Ziel: bezirksspezifische Informationen zu erhalten
- Rahmen des GO Projekts erwähnen
- Gegenseitige Vorstellung / Stadt oder privater Träger
- Dauer: ca. 1 Stunde
- Anonymisierung
- Aufnahme des Interviews / Erlaubnis erfragen
- Zuordnung der Zielgruppe

Frage 1: Einstiegsfrage

1. Erzählen Sie etwas über Ihre Zielgruppe?

Frage 2 und 3: Gesundheits- und Freizeitverhalten

2. Was können Sie in Ihrer täglichen Arbeit über das Gesundheitsverhalten Ihrer Zielgruppen beobachten? (Anmerk.: Bewegungsverhalten, Ernährungsverhalten, Rauchverhalten, seelische Gesundheit, soziale Netzwerke usw.)

2.1 Welche Unterschiede erkennen Sie bei Frauen und Männern/Mädchen und Burschen?

2.2 Welche Schritte setzen Sie in weiterer Folge, um auf diese Beobachtungen zu reagieren?

Wozu: Information über das Gesundheits- und Krankheitsverhalten, Einschätzen möglicher Risikofaktoren durch die InterviewpartnerInnen, Handlungsebene der Organisation abfragen, Anknüpfungspunkte für GO finden

3. Wo und womit verbringen die Zielgruppen in Ottakring ihre Freizeit?

Wozu: Gesundheitsverhalten, Erholungsmöglichkeiten (externe Bewältigungsressourcen), Orte der Freizeitgestaltung

Frage 4, 5 und 6: Belastungen

4. Welche Belastungen gibt es Ihrer Einschätzung nach durch Umweltfaktoren in Ottakring? (wenig Platz, Lärm, Verkehr usw.)

Wozu: strukturelle Belastungen abfragen, Lebens- und Wohnbedingungen

5. Wie stellt sich das Sozialleben in Ottakring für Ihre Zielgruppen dar?

5.1 Welche Unterschiede erkennen Sie bei Frauen und Männern/Mädchen und Burschen?

Wozu: personenbezogene Belastungen

6. Was wissen Sie über die Arbeitssituation Ihrer Zielgruppen (über den weiten oder weniger weiten Weg dorthin, über die Beschäftigung in Ottakring selbst oder außerhalb des Bezirks usw.)? Inwiefern werden diese als belastend erlebt?

Frage 7 und 8: Zentrum und BewohnerInnenstruktur

7. Wo ist für Sie das Zentrum Ottakrings?

7.1 Warum?

7.2 Welche Bedeutung haben die Bezirksgrenzen für Sie und wie sind diese gekennzeichnet?

7.3 Würden Frauen und Männer das Zentrum gleich oder anders bewerten?

___

Wozu: Einschätzung des räumlichen und sozialen Zentrums, zentrale Orte im Bezirk, Eingrenzung und Auswahl der Grätzel für das Projekt

8. Inwiefern hat sich Ihrer Einschätzung nach die BewohnerInnenstruktur in Ottakring/im Gemeindebau/usw. in den letzten Jahren verändert?

___

Wozu: Auswirkungen auf das Sozialleben, zielgruppenspezifische Frage, Veränderungen des Zusammenlebens

Frage 9: Ebene der Organisationen – Vernetzungsgrad

9. Inwiefern vernetzen Sie sich mit anderen Organisationen in Ottakring zum Thema Gesundheit? Wo sehen Sie die Stärken und Schwächen dieser Kooperationen?

___

9.1 Gibt es gemeinsame Projekte, Veranstaltungen oder Feste? Wenn ja, welche?

___

Wozu: Ansetzen von Projektaktivitäten, Sichtbarmachen der Gesundheitsinitiativen, externe Bewältigungsressourcen

Frage 10: Frage nach Ideen/die Wunderfrage

10. Angenommen Sie hätten 100.000 € für Gesundheitsanliegen in Ihrer Organisation zur Verfügung, wie würden sie einsetzen und was wäre das erste, was Sie mit dem Geld tun würden?

___

Wozu: Ideen abfragen, Innovationsthemen, Bedarf der Organisationen priorisieren, Interesse und Gesundheitsrelevantes abfragen

Ausstiegstext zum Interview

- Danke für das Gespräch
- Zusammenfassung der Ergebnisse wird Ihnen zugeschickt
  E-mail Adresse: ____________________